¡DUA AHORA!

Una guía del profesor para aplicar el Diseño Universal para el Aprendizaje

POR KATIE NOVAK

Número de control de la Biblioteca del Congreso: 2022932550

Impreso ISBN 978-1-943085-16-3
Libro electrónico ISBN 978-1-943085-17-0

Publicado por:
CAST Professional Publishing,
un sello de CAST, Inc.
Lynnfield, Massachusetts, EE. UU.

Ilustraciones, figuras y concepto de portada por Lindie Johnson de Novak Education
Foto de la autora por Felix Rust
Diseño de portada, diseño de interiores y producción por Happenstance Type-O-Rama

Traducción por:

Verba Volant LSP
www.verbavolantlsp.com
contacto@verbavolantlsp.com
Verbavolant LSP es un proveedor líder de servicios lingüísticos especializado en educación. Nuestra misión es derribar las barreras lingüísticas en el ámbito educativo. Nos especializamos en la traducción y localización de materiales educativos, incluidos libros, sitios web, investigación, LMS, vídeos de formación y mucho más. Con un equipo de profesionales lingüísticos altamente cualificados, nos comprometemos a ofrecer servicios de la máxima calidad. Nuestro objetivo último es hacer accesible una educación de calidad y promover una comunicación intercultural eficaz.

Para descuentos por volumen y otras consultas, envíe un correo electrónico a publishing@cast.org o visite www.castpublishing.org.

*A Lindie, la hermana más increíble que
jamás haya caminado por esta dulce tierra.*

Contenido

Prólogo

Después de convertirme en padre, siempre me preguntaban: "¿Ha cambiado tu opinión sobre la educación ahora que eres padre?".

La respuesta es sí y no.

Sí, mis perspectivas sobre la educación han evolucionado porque siempre debemos crecer en nuestro aprendizaje. Si lo que sabemos en nuestro primer año de enseñanza es lo mismo que sabemos en el último, entonces realmente no hemos modelado el aprendizaje que esperamos de nuestros estudiantes.

Pero ¿cambiaron mis perspectivas *porque* me convertí en padre? No. De hecho, ahora soy más firme en cuanto a mis esperanzas para la escuela, no solo para mis hijos sino para todos los estudiantes. El truco aquí no es dar a todos los alumnos la misma experiencia, sino darles a todos la experiencia que necesitan.

Mis hijas, Kallea y Georgia, son de la misma familia, pero son niñas muy diferentes. Tienen diferentes fortalezas y pasiones, áreas en las que pueden crecer, al mismo tiempo que tienen muchas similitudes. Es imperativo para mí que no sean vistas como las "Niñas Couros" cuando vienen a la escuela, sino como individuos que tienen diferentes dones para compartir con el mundo.

Es por lo que siempre me ha encantado trabajar con Katie Novak, ¡aunque nunca se lo diría directamente!

Con Katie nos conocimos hace años en una conferencia en California donde la vi hacer una presentación ante una audiencia repleta; en cuestión de minutos, estaba asintiendo vigorosamente con la cabeza junto con este grupo de educadores.

No era sólo lo que decía, sino cómo lo decía. Una de mis cosas favoritas de Katie es que puede tomar una idea complicada y convertirla en algo alcanzable y accesible para todos. Tiene una forma de conectarse contigo que te hace sentir empoderado y confiado en tu capacidad para marcar la diferencia todos los días.

Cuando Katie terminó de presentar, me presenté de inmediato y congeniamos. Al principio, aprecié la conexión, y solo más tarde me di cuenta de que Katie tiene la misma conexión con tantos otros, no solo en persona, sino también en su escritura. En esta conferencia, charlamos un rato y poco después escribimos *Innovate Inside the Box* [Innovar dentro de la caja] juntos. Fue una experiencia maravillosa, no solo porque me encantó compartir ideas con ella, sino también porque sentí que estaba recibiendo una clase magistral en el Diseño Universal para el Aprendizaje (DUA) de una de las expertas más destacadas en la materia en el mundo entero. ¡Que bendición!

Una clase magistral en el DUA también es lo que obtendrá de *¡DUA Ahora!* De hecho, mientras leía este libro antes de escribir este prólogo, en realidad grité *¡sí!* cuando leí lo siguiente:

> El aprendizaje experto no se trata de ser bueno en todo. Se trata de centrarse en sus necesidades individuales, conocer sus fortalezas y limitaciones en función del contexto y confiar en el apoyo en las áreas en las que reconoce que necesita apoyo.

Esto es lo que quiero para mis hijas y para todos los niños. Admiro mucho a Katie porque combina esta visión con estrategias prácticas y aplicables para hacerla realidad.

Mientras escribíamos juntos, recuerdo haberle preguntado a Katie: "¿Cómo es posible que los profesores implementen todas estas estrategias individuales en las aulas de hoy?".

Estoy parafraseando, pero ella me dijo que en realidad ese no era el objetivo. El objetivo era enseñar a nuestros estudiantes a abogar por sí mismos para que pudieran tomar el control de su propio aprendizaje. Esto se alinea con mi propia visión de las escuelas: necesitamos crear un entorno en el que los estudiantes eventualmente *no nos necesiten* para tener éxito. De hecho, si nuestros estudiantes nos necesitan para aprender y encontrar su camino a seguir después de dejar la escuela, entonces diría que realmente no hemos hecho nuestro trabajo tan bien.

Durante años he dicho que el *compromiso* se trata más de lo que puede hacer por sus estudiantes y el *empoderamiento* se trata de ayudar a los estudiantes a descubrir qué pueden hacer por sí mismos. El empoderamiento es el objetivo final del DUA.

Pero no se trata solo de que nuestros alumnos se vuelvan buenos en las cosas del plan de estudios; se trata de enseñarles a encontrar el éxito de una manera que sea significativa para ellos. Cada persona que lea este libro podría considerarse exitosa, pero tenemos percepciones muy individuales de lo que significa el *éxito* en nuestro propio contexto. Como Katie demuestra a lo largo de este libro, ayudar a nuestros estudiantes a encontrar y definir su camino personalizado se trata menos de que sean "buenos en la escuela" y más de que se vuelvan excelentes en el aprendizaje y en la vida.

Esto es justo como lo querría para mis propias hijas.

Siempre pido a las personas que consideren tres preguntas cuando están aprendiendo algo nuevo:

¿Qué los ha desafiado?

¿Qué se ha reafirmado?

¿Qué harán para seguir adelante?

Si tiene estas preguntas en el fondo de su mente mientras lee *¡DUA Ahora!*, también creará su propio camino a seguir de la manera que esperaríamos de nuestros estudiantes. No todas las personas que lean este libro obtendrán lo mismo y terminarán en el mismo lugar, que es el punto. Pero debido a la forma en que Katie escribe y comparte su sabiduría y experiencia, obtendrá exactamente lo que necesita siempre que esté abierto a ello. No hay mejor guía que Katie Novak para este viaje.

Solo no le diga que dije eso.

—Gran Hermano George

Breve y dulce introducción a la versión actualizada y revisada... Otra vez

OBJETIVO FIRME: Comprenderá por qué la implementación del DUA es vital para todos los profesores y alumnos.

FUNDAMENTOS: El DUA es la mejor práctica. Esta introducción habla del meollo del asunto: los profesores están trabajando demasiado para no tener un impacto mayor en los alumnos. Tenemos que diseñar nuestras escuelas y nuestros sistemas para ayudar mejor a los profesores y estudiantes a encontrar el equilibrio, la excelencia y la pasión porque lo que está en juego es demasiado importante para ignorarlo.

Cuando estaba en la escuela primaria, tenía un pequeño diario azul. Me cabía en la palma de la mano y tenía un candado con combinación para que nadie pudiera acceder a mis pensamientos más secretos. Todavía tengo ese diario, guardado con Bake Bake, mi muñeca de la infancia, y otros recuerdos. Mientras escribía la tercera edición de *¡DUA Ahora!*, subí al ático para encontrar el pequeño libro azul. Dos osos de peluche están en el frente, con las palabras "Mi Diario" escritas. No puedo explicar por qué quería volver a leer ese diario, pero de alguna manera, pensé que me ayudaría a comprender mejor mi viaje.

En 2014 publiqué la primera edición de ¡DUA Ahora! Escribí sobre lo que sabía entonces como profesora de séptimo grado. Dos años más tarde, volví a leer el libro como administradora del distrito y reconocí que a medida que evolucionaba mi viaje, también lo hacía mi comprensión del DUA. La segunda edición (2016) incorporó un enfoque más profundo en los sistemas de varios niveles y el poder de las comunidades profesionales de aprendizaje (CPA). Fue lo mejor que pude hacer entonces, pero ahora es el momento de hacer algo mejor. No solo quiero compartir más, sino también recuperar algunas de las cosas que escribí en las dos primeras ediciones. La paradoja más interesante es que a medida que aprendo más sobre la enseñanza y el aprendizaje, también soy muy consciente de lo mucho que no sé.

A medida que aprendo más sobre la enseñanza y el aprendizaje, también soy muy consciente de lo mucho que no sé.

Los últimos años nos han llevado a un nuevo mundo de la educación, uno en el que podemos trabajar a distancia en cualquier momento, uno en el que reconocemos que tenemos un imperativo moral para diseñar clases equitativas que minimicen las barreras académicas, conductuales, socioemocionales, culturales y lingüísticas. Uno en el que, afortunadamente, somos muy conscientes de lo importante que es mirar nuestro impacto en los estudiantes, a diferencia de nuestros propios esfuerzos y nuestro propio diseño.

La verdad es que hemos estado trabajando demasiado para no tener mejores resultados. Los educadores han estado haciendo la planificación, el trabajo de preparación, el diseño de la evaluación y la evaluación. Lo han hecho a expensas del equilibrio, la felicidad y la salud mental. A pesar de esto, muchos estudiantes están desconectados, obedientes en el mejor de los casos y con bajo rendimiento académico. Es desgarrador. Pero estoy segura de que hay otra manera. Cuando compartimos el poder del diseño para cocrear oportunidades de aprendizaje, cuando empoderamos a nuestros estudiantes para que sean autodirigidos y expertos en su aprendizaje, y cuando los inspiramos a autoevaluarse y encontrar su voz, podemos hacernos a un lado, encontrar más tiempo para nosotros mismos y experimentar resultados más positivos. El DUA es la respuesta.

Si es nuevo en el DUA, es posible que tenga uno de los siguientes escenarios en su cabeza, todos los cuales lo hacen querer cerrar este libro y donarlo a la venta de libros usados. Abordemos estos de inmediato.

Escenario 1

Le encanta la idea de usar el DUA, pero no cree que tenga tiempo para crear las clases. Mi mamá siempre dice: "No se puede sacar sangre de una piedra", y como profesora, descubrí que esto a menudo era verdad. En este momento, muchos educadores están al límite de tiempo, energía y paciencia. Pero escúcheme: esto se debe a que estamos haciendo demasiadas cosas por los estudiantes que ellos son capaces de hacer por sí mismos. Entonces, siga leyendo.

Escenario 2

Siente que se lo está obligando a usar el DUA. Por ejemplo, tal vez su nueva herramienta de evaluación esté alineada con los principios del DUA, por lo que está leyendo este libro porque tiene que hacerlo. Puede sentir frustración porque alguien le está diciendo cómo enseñar. Bueno, no está solo. Los profesionales odian que les digan qué hacer. Los médicos probablemente odien lavarse las manos cientos de veces al día mientras miran recordatorios para lavarse las manos, pero lo hacen.

¿Por qué? Porque nadie quiere ser el paciente del cirujano que dice: "No me gusta que me digan lo que tengo que hacer", y se limpia las manos en los pantalones.

Escenario 3

Ha aprendido sobre el DUA, y todo suena demasiado idealista. Usted cree en el marco, pero tal vez no parezca realista. Esto podría deberse a una variedad de razones. Algunos practicantes creen que el DUA puede funcionar extremadamente bien con estudiantes mayores, pero que los estudiantes de primaria aún no son capaces de convertirse en aprendices expertos. Otros sienten que el DUA puede funcionar para estudiantes motivados, pero los comportamientos de los estudiantes pueden impedir que los profesores impartan un plan de estudios con tantas opciones integradas. Pase lo que pase, sepa que el crecimiento es posible.

Si alguno de estos escenarios representa cómo se siente en este momento, debe saber que el DUA es un proceso de diseño de currículo que le ahorra tiempo a largo plazo *y* lo libera para hacer que su práctica docente sea más efectiva mientras respeta su enfoque individual. El DUA encenderá su pasión por su oficio y al mismo tiempo ayudará a aumentar el aprendizaje de los estudiantes en todos los niveles. He visto el trabajo del DUA en aulas de preescolar, en educación superior y en sesiones de aprendizaje profesional utilizando las estrategias descritas en este texto. Todos sabemos que algunos estudiantes no llegan a la escuela con una caja de herramientas llena de funciones ejecutivas y habilidades de autorregulación, pero el DUA brinda a los profesores un conjunto de estrategias para integrar el desarrollo de estas habilidades dentro de un plan de estudios riguroso. El DUA es donde se combinan la ciencia y el arte de la enseñanza, y aunque sienta que está a punto de escalar una montaña, sepa que la vista desde la cima valdrá la pena.

Este libro tiene como objetivo llevarlo en un viaje para que pueda diseñar universalmente clases basadas en estándares en un aula de aprendizaje combinada. Los siguientes capítulos incluyen ideas de clases específicas y neutrales al contenido que puede usar tal cual o adaptar fácilmente para su propio uso en la sala de clases, independientemente del grado en el que enseñe. Si le gusta lo que ve, simplemente haga una copia. ¿Quiere cambiar algo? Utilice el componente en línea para que sea perfecto para usted. Todas las plantillas de este texto están disponibles en novakeducation .com/udlnow. Para terminar, es importante señalar que este libro se centra en la implementación desde una perspectiva práctica. Para obtener más información sobre la investigación y la práctica del DUA, también ofrezco una sección de Recursos al final de este libro. ¡Échale un vistazo!

1

No lo haga solo

OBJETIVO FIRME: Comprenderá la importancia de contar con el apoyo de administradores y colegas a medida que cambia de estrategias de enseñanza más tradicionales al DUA.

FUNDAMENTOS: Debido a que el DUA requiere un cambio de práctica, tendrá más éxito si cuenta con el apoyo de administradores y colegas. Una excelente manera de garantizar esto es crear o unirse a una comunidad profesional de aprendizaje (CPA). Este capítulo tiene una guía sobre las CPA incorporada para ayudarlo a realizar esa tarea. Este capítulo explicará la importancia de tener apoyo durante la transición al DUA y cómo reflexionar continuamente sobre su práctica puede ser una fuente increíble de aprendizaje profesional.

En las dos primeras ediciones de este libro, comparé el viaje para implementar el DUA con *Perder para ganar*, un programa de telerrealidad donde los concursantes compiten para perder peso, transformar sus cuerpos y encontrar bienestar mental. Cuando los participantes tienen profesionales de la salud que los entrenan y sus compañeros los animan, es más fácil tener éxito.

He experimentado el poder de esta eficacia colectiva en mis propias experiencias como educadora y atleta.

En 2017, decidí que iba a competir en una competencia con obstáculos en Killington, Vermont. No era tanto que quisiera correr la carrera, sino que quería correr la carrera con algunos de mis hombres favoritos en el mundo: mi esposo Lon, mi hermano JT y mi cuñado Nate. Sabía un poco sobre la competencia y que implicaba transportar troncos y caminar, y me prometieron una olla de espagueti y albóndigas al final. Mi hijo Boden tenía seis meses y yo quería volver a estar en forma para correr, así que me pareció un plan perfecto. Avance rápido hasta el día de la carrera. Lamentablemente, no estaba preparada para la fuerza y la resistencia necesarias para competir en una competencia de este tipo, y si no hubiera tenido a mis muchachos conmigo, simplemente me habría derrumbado en la montaña y habría sido la cena de los pumas. Terminé esa competencia, con la camisa desgarrada por el alambre de púas, temblando de frío, con la barriga llena de jugo de pepinillos.

Hubo tantas veces que quise rendirme. Pero mi equipo estaba allí para mí. Lon me dejó sentarme en sus hombros mientras atravesaba las barras cuando mis manos estaban demasiado llenas de ampollas para agarrarme. Mi hermano compartió conmigo su sándwich de mantequilla de maní y su jugo de pepinillos cuando me quedé sin comida para recargar energías. A veces, tomábamos descansos, sentados en rocas con vistas al follaje de otoño, agradecidos por el sol y la experiencia.

Como profesores y administradores, debemos apoyarnos unos en otros tal como yo me apoyé en mis compañeros de equipo durante la competencia. Necesitamos celebrar nuestros éxitos y empujarnos unos a otros al siguiente nivel de nuestra práctica, y a veces solo tenemos que tomar un descanso, encontrar el equilibrio y recargar nuestras mentes y nuestros cuerpos. ¿Podemos tener éxito por nuestra cuenta? Por supuesto que podemos. Pero es mucho más fácil cuando tenemos colegas que nos apoyan, nos enseñan y nos animan, y que dependen de nosotros para hacer lo mismo por ellos. Especialmente ahora.

Necesitamos celebrar nuestros éxitos y empujarnos unos a otros al siguiente nivel de nuestra práctica, y a veces solo tenemos que tomar un descanso, encontrar el equilibrio y recargar nuestras mentes y nuestros cuerpos.

Decir que la educación ha cambiado desde que se publicó la segunda edición en 2016 es el eufemismo del siglo. En 2016, nos estábamos adaptando a nuevas herramientas de evaluación, nuevos estándares curriculares y nuevas evaluaciones estandarizadas. Ahora, también debemos tener en cuenta el COVID, la educación a distancia, una nación abiertamente dividida sobre cuestiones políticas y el imperativo moral de diseñar e impartir una instrucción que abarque la diversidad, la equidad y la inclusión. Nuestros estudiantes están luchando con traumas y problemas de salud mental, y se espera que los profesores los apoyen mientras aceleran el aprendizaje y lidian con su propio trauma y la desmoralización de la profesión docente. Es desgarrador en muchos niveles.

No hay mayor recurso en nuestras escuelas que nuestros educadores, pero la enorme responsabilidad que recae sobre los educadores sin el apoyo, la colaboración y los recursos adecuados no es sostenible. Cuando escribí las dos primeras ediciones, discutí la importancia de los docentes como impulsores del cambio, y lo defiendo inequívocamente. No podemos cambiar los resultados de los estudiantes, especialmente de aquellos estudiantes que históricamente han sido marginados y minorizados sin el apoyo, la mente y el corazón de nuestros educadores. Para hacer esto, nos necesitamos unos a otros.

11111111111111111

El Instituto de Política de Aprendizaje, una organización dirigida por la brillante Linda Darling-Hammond, Profesora Emérita de Educación en la Universidad de Stanford, realiza investigaciones independientes para mejorar las políticas y prácticas educativas. En una publicación sobre la eficacia docente, "Does Teaching Experience Increase Teacher Effectiveness?" [¿La experiencia docente aumenta la eficacia docente?] (Kini y Podolsky, 2016), los hallazgos hablan directamente de la importancia de crear condiciones en las escuelas para relaciones de trabajo sólidas:

> Entre las razones más comunes que dan los profesores para dejar la sala de clases está la falta de apoyo del director o la falta de apoyo colegiado entre el personal. Por el contrario, los profesores que han optado por permanecer en la profesión citan la calidad de las relaciones entre el personal, un director que los apoya y las oportunidades para colaborar como algunas de las razones más importantes para continuar enseñando.

Esta eficacia colectiva es fundamental para apoyar a los educadores e implementar el DUA. Todos tenemos que creer, en nuestro centro, que podemos involucrar y desafiar a todos los estudiantes a aprender en nuestras aulas y que contamos con el apoyo de nuestros colegas y nuestros líderes para hacerlo. No podemos evitar todos los desafíos que enfrentarán los estudiantes, pero podemos ayudar a aliviarlos diseñando un entorno de aprendizaje que no deje espacio para el fracaso. Para hacer esto, necesitamos estar rodeados de personas que tengan la misma creencia en el poder de la enseñanza. Esto aumenta nuestra propia eficacia, es decir, nuestra capacidad para enseñar a todos los alumnos.

No podemos evitar todos los desafíos que enfrentarán los estudiantes, pero podemos ayudar a aliviarlos diseñando un entorno de aprendizaje que no deje espacio para el fracaso.

Los profesores con fuertes sentimientos de eficacia creen que tendrán éxito y obtienen mejores resultados que aquellos que creen que no están preparados para satisfacer las necesidades de todos los estudiantes. Cuando grupos de docentes se sienten así porque trabajan juntos como un equipo para satisfacer las necesidades de todos los niños, se llama eficacia colectiva de los profesores. En equipos donde la eficacia colectiva es alta, los docentes están comprometidos con el aprendizaje de los estudiantes, pero también entre ellos. Trabajan hacia objetivos comunes. Se estimulan y se ayudan unos a otros, y a sus alumnos, a lograr esos objetivos (Goddard et al., 2000).

Es probable que muchos lectores estén familiarizados con el cuento infantil clásico *La pequeña locomotora que sí pudo*. En este popular cuento popular estadounidense, un tren largo debe ser jalado sobre una montaña alta después de que su locomotora deja de funcionar. Se les pide a las locomotoras más grandes que tiren del tren, pero se niegan. Finalmente, la pequeña locomotora dice que lo intentará. Su mantra, que se ha convertido en un cliché en el mundo de la perseverancia, "Creo que puedo, creo que puedo", es un mensaje valioso que nosotros, como educadores, debemos aceptar.

Todos los profesores y estudiantes necesitan creer inherentemente que son capaces de mejorar su desempeño aplicando el esfuerzo necesario, buscando información y recursos, colaborando con otros que tienen más conocimientos y repitiendo a lo largo del proceso: "Creo que *podemos*".

Para construir eficacia colectiva e implementar el DUA, debe crear un equipo y encontrar a su gente. Como aprenderá, el DUA tiene que ver con objetivos firmes y medios flexibles, por lo tanto, al reunir a su comunidad, considere cómo puede brindar opciones y alternativas sobre cómo colaborarán, se conectarán y se apoyarán mutuamente. Algunos de ustedes serán lo suficientemente afortunados de tener compañeros de equipo en su propia escuela, pero también predigo que algunos de ustedes son los únicos profesores en su grado o departamento y/o aún no están rodeados de compañeros de ideas afines. No se preocupe, puede crear una red de aprendizaje profesional virtual y aun así desarrollar la eficacia colectiva. Si no hay nadie en su escuela, conéctese virtualmente con otros practicantes. Los animo a conectarse en Twitter usando #udlchat.

La investigación argumenta la importancia de la eficacia colectiva de los docentes para aumentar el rendimiento de los estudiantes e identifica las prácticas que son necesarias para construir la eficacia colectiva (Hoogsteen, 2020). La Tabla 1-1 identifica estas prácticas mientras comparte implicaciones para un diseño más flexible e inclusivo a través de la lente del DUA.

Tabla 1-1: Construir la eficacia docente al estilo del DUA (adaptado de Hoogsteen, 2020)

Prácticas para construir la eficacia docente colectiva	Consideraciones del DUA
Comparta una visión y metas comunes sobre las direcciones de la escuela	★ Asegúrese de que las metas firmes estén articuladas para todo el plan de estudios y el trabajo de instrucción. Por ejemplo, saber que está buscando aumentar tanto el rendimiento de los estudiantes como el aprendizaje experto conducirá a una planificación muy diferente que si está buscando aumentar los puntajes de las pruebas en una sola medida. ★ Al comienzo de cada reunión, comparta la visión y objetivos comunes, publíquelos visualmente, resúmalos con sus propias palabras y comparta algo que haya hecho desde la reunión anterior que se alinee con esa visión.
Proporcione tiempo regular y estructurado para la colaboración para formar un entendimiento común del buen trabajo de los estudiantes.	★ Dé ejemplos del trabajo excepcional de los estudiantes alineados con las rúbricas para calibrar la comprensión. ★ Entregue ejemplos de frases o un protocolo para que los equipos aprovechen al máximo el tiempo de planificación común. ★ Capacite a los profesores para que se turnen para facilitar el tiempo de colaboración para que puedan modelar prácticas de facilitación efectivas.

Prácticas para construir la eficacia docente colectiva	Consideraciones del DUA
Observe las aulas de los demás profesores.	★ Pida a los administradores que cubran sus clases para que pueda observar la práctica de sus colegas. ★ Considere fusionar dos clases juntas y coenseñar a los estudiantes para que pueda observar la instrucción. ★ Grabe su instrucción y compártala en reuniones de planificación, reuniones de profesores o en la CPA. ★ Proporcione opciones para que los profesores faciliten minilecciones al comienzo de cada reunión de profesores para que los docentes puedan aprender de las prácticas de los demás. ★ Si no pueden observarse entre sí, use una biblioteca de videos seleccionados, como los del canal de enseñanza, para observar a otros docentes en la práctica.

Tener un sistema de apoyo es crítico, pero no es suficiente porque el cambio es difícil, incluso cuando está con su gente. La Figura 1-1 describe las fases por las que pasan los nuevos profesores en su primer año (Moir, 1990). Estas pueden ser las mismas fases por las que pasa cuando adopta el DUA como marco en su entorno de aprendizaje. En este modelo, los profesores pasan por seis fases. Examinemos cómo estas fases pueden ser similares para los docentes que implementan el DUA y por qué el apoyo puede minimizar los sentimientos de desilusión a mitad de año. En la fase de anticipación, aprende sobre el marco del DUA y está emocionado de implementarlo en su sala de clases. Tal vez haya asistido a un taller de DUA o haya leído un libro, o tal vez su distrito haya incluido el DUA en el plan estratégico o la visión y no hay vuelta atrás. Seamos realistas, probablemente tenga imágenes de estudiantes comprometidos quejándose cuando termina la clase y tienen que seguir adelante (oiga, podemos soñar, ¿verdad?).

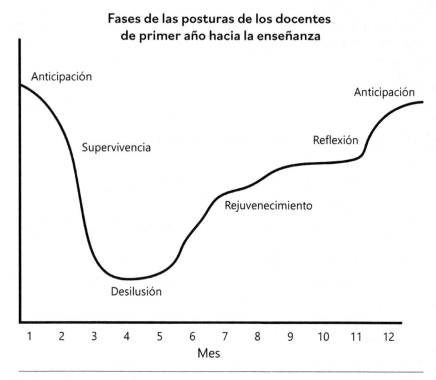

Figura 1-1: Fases de la docencia de primer año (adaptado de Moir, 1990)

Una vez que comience a planificar las clases con el DUA, es probable que experimente dos cosas diferentes. Primero, reconocerá que los estudiantes aún no están tomando decisiones responsables sobre su aprendizaje. Está brindando opciones, pero algunos estudiantes no están aprovechando los caminos que deben seguir para tener éxito. Puede sentirse un poco como arrear gatos, y tendrá momentos en los que pensará: "Esto no está funcionando". Es posible que tenga la idea de que era más fácil (o tal vez más tranquilo y menos agitado) solo dar la clase o hacer que los estudiantes leyeran en silencio. En este punto, es posible que se sienta frustrado porque está creando opciones y los estudiantes esperan que les diga exactamente lo que deben elegir. Si escucha la frase "¿Cuál es la más fácil?" una vez más, puede explotar como un cañón de confeti. Es importante, en esta etapa, darse cuenta de que el cambio es difícil y requerirá algo de desaprendizaje.

En el libro *Unlearning: Changing Your Beliefs and Your Classroom With UDL* [Desaprender: Cambiando creencias y salas de clases con el DUA] (2020), Allison Posey y yo discutimos el doloroso proceso de dejar ir lo probado y comprobado para abrazar la variabilidad y construir aprendices expertos (dos conceptos en los que será un profesional al final de este libro). También discutimos la importancia de tomar las cosas con calma. Los estudiantes que nunca han tenido la oportunidad de reflexionar sobre sí mismos y tomar decisiones pueden verse totalmente abrumados por las múltiples opciones sobre cómo aprender, qué materiales utilizarán y cómo compartirán lo que saben. Así es como me siento cuando visito la pastelería. Hay demasiadas cosas en ese menú (¡y un pastel de queso fabuloso!). (Nota: Hablaremos más sobre la parálisis de elección en el Capítulo 7).

En esta etapa, dé un paso atrás, hable con su equipo y comprométase a ir despacio. Claro, puede sumergirse en el DUA de cabeza, pero convertirse en aprendices expertos lleva tiempo tanto para usted como para sus estudiantes. Al principio, solo puede planificar a través del prisma del DUA una vez a la semana. Luego, a medida que usted y sus alumnos se sientan más cómodos con la flexibilidad y la autodirección que requiere, realice cambios adicionales en su práctica. El simple hecho de implementar algunas de las Pautas del DUA cada día marcará la diferencia en la participación y el rendimiento de los estudiantes. En este punto, es más importante recordar no entrar en pánico.

Darse cuenta de que cambiar su práctica es un proceso lo ayudará a evitar la fase de desilusión, en la que puede sentir que estaba mejor antes de intentar cambiarlo todo. Sus colegas aquí son muy importantes, porque cuanto más pueda compartir sus luchas, más se dará cuenta de que es solo una fase y que los estudiantes se están beneficiando de los cambios que está haciendo. Al final de cada año escolar, recuerde reflexionar sobre su práctica y pensar en los maravillosos cambios que ha hecho. Luego puede comenzar a anticipar el próximo año escolar y cómo puede usar más estrategias de DUA con más frecuencia.

Debido a que el apoyo es imperativo para una práctica efectiva del DUA, es beneficioso cuando los equipos de profesores adoptan el DUA como marco y trabajan juntos para implementar estrategias. Si el DUA se fomenta a nivel de distrito, probablemente tendrá más apoyo. Si es algo que está implementando por su cuenta, comience a reclutar ("¡Vamos, todos lo están haciendo!"). La implementación del DUA no ocurrirá de la noche a la mañana. El proceso de implementación del DUA (Figura 1-2) es un proceso de cinco pasos de varios años que comienza con una necesidad de cambio.

Como nación, aún no estamos satisfaciendo las necesidades de todos los estudiantes brindándoles acceso a un plan de estudios riguroso y atractivo. Al leer este libro, está explorando y preparándose para implementar el DUA. Aunque parece un ascenso hacia el aprendizaje experto, muchos profesores lo han precedido y han disfrutado de la vista desde la cima. Caminar con un grupo es mucho más fácil que abordar la montaña solo, como compartí con mi fiasco en la competencia.

Una excelente manera de lograr que otros profesores se interesen en el DUA es formar una CPA. Las CPA ayudan a los educadores a construir una comunidad entre ellos, trabajar hacia objetivos compartidos y resolver problemas entre ellos cuando surgen desafíos. Las CPA, utilizando los principios del DUA como base, tienen el potencial de aumentar la enseñanza y el aprendizaje expertos. Al optimizar el aprendizaje experto y centrarse en eliminar las barreras que impiden que todos los estudiantes aprendan, los grupos de educadores pueden fomentar su propio crecimiento y mejora continua.

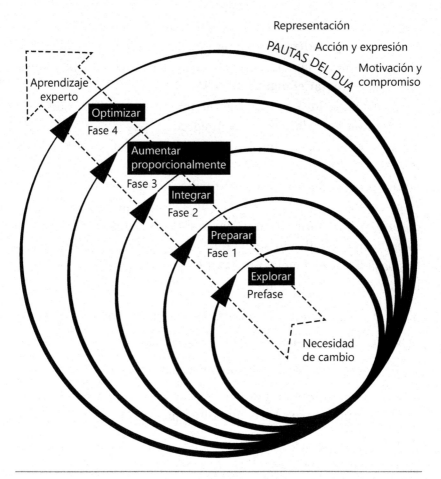

Figura 1-2: Proceso de implementación del DUA. © CAST, 2014. Usado con permiso.

Una CPA para el DUA promueve una oportunidad de aprendizaje profesional continuo para que los educadores planifiquen unidades de instrucción basadas en estándares, incorporen la participación y elección de los estudiantes, discutan prácticas aplicadas, revisen el trabajo/datos de los estudiantes y se ofrezcan retroalimentación. Incluso los profesores más experimentados a veces pueden tener dificultades con el diseño universal de experiencias de aprendizaje, razón por la cual la estructura de la CPA puede optimizar la comunidad y la responsabilidad compartida para implementar el marco del DUA.

Para ayudarlo a aprovechar al máximo su CPA, este texto incluye una guía de discusión integrada y pasos de acción para que pueda comenzar a implementar el DUA en su práctica de una manera significativa. En un artículo, "The Futility of PLC Lite" [La poca importancia de una CPA a medias], DuFour y Reeves (2016) señalan que las CPA a menudo no logran cambiar la práctica docente o aumentar el rendimiento de los estudiantes porque no se enfocan en el diseño del plan de estudios o la toma de decisiones basada en evidencia. En las CPA significativas, los profesores luchan con cuatro preguntas centrales:

- ¿Qué queremos que los estudiantes aprendan?
- ¿Cómo sabremos si lo han aprendido?
- ¿Qué haremos si no lo han aprendido?
- ¿Cómo proporcionaremos oportunidades de aprendizaje extendidas para los estudiantes que dominan el contenido?

Estas preguntas construyen eficacia colectiva cuando los grupos de profesores con ideas afines han compartido metas sobre los resultados de los estudiantes y tiempo útil para abordar estas preguntas. Como aprenderá a lo largo de este texto, el DUA es un marco basado en estándares que guía a los docentes a resaltar las metas y objetivos para diseñar experiencias de aprendizaje atractivas y desafiantes que permitan a todos los estudiantes adquirir conocimientos, ser estratégicos y estar motivados. Si su CPA no considera estas preguntas, "no podrá adoptar los principios centrales del proceso de la CPA y no conducirá a niveles más altos de aprendizaje para estudiantes o adultos" (DuFour y Reeves, 2016).

En la Tabla 1-2, las preguntas centrales de las CPA se examinan a través de la lente del DUA. Mientras reflexiona sobre las consideraciones, es posible que desee tomar notas utilizando las siguientes indicaciones:

- ○ ¿De qué se dio cuenta?

- ○ ¿Qué se pregunta?

En cada reunión de la CPA, permita que el aprendizaje y las actividades respondan a las cuatro preguntas de DuFour, revisadas a través de la lente del DUA. Recuerde incorporar oportunidades para la comunidad y la colaboración. Si su CPA es virtual, deje tiempo para sesiones de trabajo y debates a través del chat. Si puede reunirse en persona, dé opciones para discutir en un grupo pequeño o talleres para encontrar soluciones juntos.

Tabla 1-2: Preguntas sobre la CPA con consideraciones del DUA

Preguntas básicas sobre la CPA	Consideraciones del DUA
¿Qué queremos que todos los estudiantes sepan y sean capaces de hacer?	¿Cómo se alinea este paso con la comprensión de los objetivos firmes y los estándares propios del nivel, que son componentes centrales del DUA, para garantizar que todos los estudiantes, especialmente aquellos estudiantes que han sido históricamente desatendidos, marginados y minorizados, tengan acceso a cursos avanzados?
¿Cómo sabremos si lo han aprendido?	¿Cómo podemos diseñar evaluaciones inclusivas que sean equitativas, alineadas con metas firmes/estándares propios del nivel y culturalmente receptivas?
¿Cómo responderemos cuando algunos estudiantes no aprendan?	¿Qué barreras podemos eliminar a través del diseño? Asegúrese de examinar explícitamente el acceso y la participación, así como las barreras que impiden el acceso porque el plan de estudios y la instrucción no consideran el trauma, ni son lingüísticamente apropiados o culturalmente sostenibles.

Tabla 1-2 continuada: Preguntas sobre la CPA con consideraciones del DUA

Preguntas básicas sobre la CPA	Consideraciones del DUA
¿Cómo extenderemos el aprendizaje para los estudiantes que ya son competentes?	¿Cuáles son las potenciales barreras para alcanzar un compromiso y una aceleración profundos?

Además de presentar las preguntas en la Tabla 1-2, para ayudarlo a facilitar una CPA, este texto tiene una guía de reflexión integrada para usar con sus colegas que lo llevará a responder preguntas importantes que son necesarias para mejorar los resultados de sus estudiantes. Si es administrador, anime a grupos de profesores a formar unas CPA, o puede hacer las actividades con todo su equipo. Las preguntas de reflexión son excelentes si está trabajando solo, pero puede obtener aún más de ellas si está colaborando con su equipo. Considere la posibilidad de crear productos para responder a las preguntas de reflexión. Por ejemplo, cada vez que complete un capítulo, considere las siguientes opciones:

- Escriba una publicación en un blog tradicional o una reflexión de manera digital o en un diario.

- Grabe un podcast o un video corto donde primero organice sus pensamientos y luego comparta su reflexión.

- Cree una infografía u otra representación visual multimedia para compartir las respuestas a las preguntas.

La creación de un producto tendrá dos propósitos. Uno, muchos distritos requieren que los profesores entreguen evidencia para respaldar su participación en una CPA. Dos, y lo más importante, ¡puede compartir su aprendizaje con audiencias auténticas fuera de su CPA!

Resumen

Dada la increíble variabilidad de los alumnos y la importancia de acelerar el aprendizaje, los profesores no pueden hacer este trabajo solos. El apoyo continuo es importante porque aumentará la eficacia colectiva y hará que sea más probable que todos los docentes continúen implementando el DUA, incluso cuando pasen por fases similares a las que atraviesan los nuevos docentes. Animo a los docentes a formar o participar en las CPA en sus propias escuelas para reclutar a otros profesores para implementar el DUA simultáneamente.

Preguntas para la reflexión

1. Revise las prácticas identificadas en la Tabla 1-1. ¿Cuántas de estas prácticas utiliza usted en su escuela o con su equipo? ¡Elija una que aún no haya usado y trate de hacerla realidad!

2. ¿Por qué es tan importante la colaboración a la hora de cambiar la práctica docente? Piense en los momentos de su vida en los que experimentó el poder de la eficacia colectiva. ¿Cómo fue la experiencia para usted?

3. Reflexione sobre su modelo actual de CPA. ¿Cómo se comparan sus discusiones con las cuatro preguntas centrales de las CPA a través de la lente del DUA?

   ● ¿Qué queremos que todos los estudiantes sepan y sean capaces de hacer?

   ● ¿Cómo podemos diseñar evaluaciones inclusivas que sean equitativas, alineadas con objetivos firmes/estándares propios del nivel y culturalmente receptivas?

- ¿Qué barreras podemos eliminar a través del diseño? ¿Y cómo responderemos cuando algunos estudiantes no aprendan?

- ¿Cuáles son las potenciales barreras para alcanzar un compromiso profundo y la aceleración que están dentro de su lugar de control?

2

El DUA y la equidad

OBJETIVO FIRME: Comprenderá los componentes básicos del DUA (los componentes básicos, los principios y las Pautas del DUA) y podrá establecer conexiones sobre cómo el DUA crea entornos de aprendizaje más inclusivos y equitativos.

FUNDAMENTOS: Para implementar el DUA en la instrucción en el aula, debe estar familiarizado con sus componentes básicos: variabilidad, objetivos firmes y aprendizaje experto, así como con sus principios y Pautas. Este capítulo desglosa componentes críticos y aclara conceptos difíciles a través de analogías y ejemplos prácticos. También establece conexiones entre los principios básicos del DUA y la importancia de la equidad educativa.

El Diseño Universal para el Aprendizaje (DUA) no es solo un marco para el diseño curricular. Es la expresión de la creencia de que todos los estudiantes son capaces de aprender y que la instrucción, cuando se diseña e implementa con esta creencia en mente, puede ayudar a todos los estudiantes a tener éxito en entornos de aprendizaje inclusivos y equitativos. Para entender el alcance del DUA, comencemos con una analogía.

Mis padres tenían una isla de cocina cuando yo estaba en la escuela secundaria. Había seis taburetes de madera gastados a su alrededor donde hacíamos nuestra tarea, jugábamos Uno y cenábamos en familia. Todavía tengo uno de esos taburetes y ahora estoy sentada en él, balanceándolo sobre dos patas mientras escribo. (Lo sé, mamá, me voy a romper la cabeza).

Piense en el DUA como si fuera un taburete de tres patas (Figura 2-1). Por un lado, tiene un sistema de creencias, por otro tiene estrategias y habilidades, y por último tiene los impulsores del sistema, o el apoyo que recibe de su escuela y distrito. Para transformar una sala de clases, necesita las tres patas. Dicho esto, puede intentar equilibrarse en dos de ellas, y tal vez incluso en una, pero es difícil mantener esa estabilidad por mucho tiempo. Examine las tres patas y luego pregúntese: "¿Dónde necesito más apoyo?".

Creencias. Debe creer que todos los estudiantes son capaces de aprender a niveles altos y creer que la colocación inclusiva es necesaria para el éxito. También debe creer que los estudiantes son capaces de convertirse en aprendices expertos que pueden tomar decisiones efectivas por sí mismos cuando se les dan las condiciones y la oportunidad de intentarlo. Sin excepciones.

Estrategias y habilidades. Los sistemas de creencias no son suficientes. Tenemos que desarrollar continuamente un conjunto de habilidades, por lo que diseñamos teniendo en cuenta la variabilidad. Tenemos que aprender cómo desempaquetar nuestros resultados de aprendizaje y diseñar evaluaciones donde los estudiantes puedan compartir lo que han aprendido de manera relevante, auténtica y significativa. Pero un conjunto de habilidades DUA es más que un diseño de clases. Para eliminar las barreras que impiden que los estudiantes aprendan, debemos estar informados sobre los traumas y ser culturalmente receptivos y saber cómo apoyar a los estudiantes académica, conductual, social y emocionalmente.

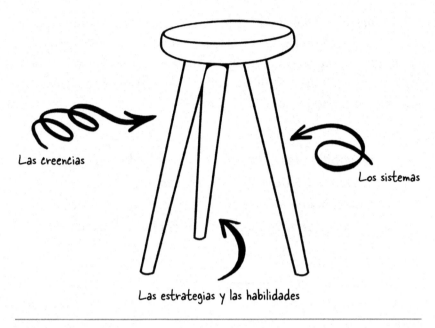

Las creencias

Los sistemas

Las estrategias y las habilidades

Figura 2-1: Las creencias, las estrategias y habilidades y los sistemas proporcionan las tres patas del DUA.

Sistemas. Para crear aulas, escuelas y distritos de diseño universal, también necesitamos el apoyo del distrito. El desarrollo profesional del distrito, las prácticas de liderazgo, un plan de estudios de buena calidad y flexible, la tecnología y los horarios disponibles afectan nuestra capacidad para satisfacer las necesidades de todos los alumnos, por lo que reconocer las barreras del sistema también es importante para la planificación de mejoras. Los sistemas de apoyo de varios niveles (SAVN) abordan estratégicamente estas barreras, lo que garantiza que el DUA se pueda escalar y optimizar en todo el distrito. Discutiremos la conexión entre el DUA y los SAVN más adelante en este texto.

Las creencias deben liderar el camino. Los educadores a menudo escuchan sobre el DUA y lo consideran una lista de verificación de habilidades y estrategias. Pero las habilidades y estrategias por sí solas no darán como resultado el cambio que es necesario para crear una sala de clases más inclusiva y equitativa si no están arraigadas en creencias inclusivas y si el sistema escolar no brinda el apoyo y los recursos necesarios para acelerar el aprendizaje de todos los estudiantes.

> *Las habilidades y estrategias por sí solas no darán como resultado el cambio que es necesario para crear una sala de clases más inclusiva y equitativa si no están arraigadas en creencias inclusivas.*

Esto cambiará la forma en que aborda el diseño de su entorno de aprendizaje mientras desarrolla continuamente un conjunto de habilidades. Como mi colega Mike Woodlock, director de una escuela secundaria, y yo compartimos en el *UDL Playbook for School and District Leaders* [Libro DUA para líderes de escuelas y distritos] (2021), este trabajo comienza con creencias. Una vez que se alinee con las creencias fundamentales del DUA, las estrategias continuarán evolucionando y construyéndose y serán flexibles e iterativas en función de la voz y las necesidades de los estudiantes.

Un *marco* es un conjunto de principios, o creencias y valores, que guían nuestro trabajo. Un practicante del DUA cree que

- La variabilidad es la regla, no la excepción. Los alumnos pueden necesitar aprender de diferentes maneras, usando diferentes materiales, para alcanzar las mismas metas.

- Todos los estudiantes pueden trabajar los mismos objetivos firmes y estándares del nivel cuando se les brindan las condiciones y el apoyo adecuado.

- Todos los alumnos pueden convertirse en expertos si se eliminan las barreras (Meyer et al., 2014).

La variabilidad del alumno se refiere a la combinación única de fortalezas y limitaciones que experimentamos en función del contexto, así como a los diversos caminos que podemos tomar para realizar tareas de aprendizaje (Rose y Fischer, 2001). Cuando aprendí por primera vez sobre la variabilidad, pensé en ella como las diferencias entre nuestros alumnos, o la *variabilidad interpersonal*. Ciertamente, como educadores, sabemos que nuestros estudiantes son muy diferentes entre sí, pero históricamente, pensamos que no se podía hacer mucho al respecto, al menos no en un entorno de educación general. Esto resultó en prácticas de exclusión y segregación en ocasiones. Todavía hay modelos en los que los estudiantes que se clasifican como "lectores con dificultades" se colocan en un salón de clases diferente al de los etiquetados como "lectores avanzados", como si los estudiantes fueran estáticos. Luego damos opciones y alternativas para esos grupos en función de lo que creemos que necesitan, a menudo sin aceptar el hecho de que esas necesidades son dinámicas. Por ejemplo, puedo estar en su grupo de lectores "avanzados". Es probable que mi grupo no reciba opciones para escuchar la versión en audio del texto o acceder a las raíces de las oraciones porque "no las necesitamos". Pero ¿qué pasa con los días en que estoy exhausta y tengo un día terrible, o cuando me olvido de usar mis anteojos, o cuando lo más responsable que puedo hacer por mi salud mental es tomar un camino más accesible para encontrar el equilibrio? Los grupos de instrucción, cuando se utilizan para la colocación, no aceptan la *variabilidad intrapersonal*. Nuestras necesidades siempre están cambiando.

Muchas veces los educadores me preguntan cómo es el DUA para estudiantes con discapacidades, estudiantes de idiomas o estudiantes avanzados, y encuentro que esa pregunta es imposible de responder. Hay mucha diversidad entre los grupos de estudiantes. Lo que es más complejo es que un solo estudiante experimenta una variabilidad significativa basada en el contexto: su variabilidad intrapersonal.

Imagine que todos los que leemos este libro visitamos un café para tomar una copa antes de una sesión de aprendizaje profesional. Entramos con el tintineo de las campanas y el olor a café tostado y tenemos la opción de escanear un código QR o tomar un menú impreso. Hay cafés, tés y una hielera de bebidas embotelladas, pero nuestras opciones no terminan ahí. ¿Caliente o helado? ¿Leche entera, 2%, descremada, de almendras o de soya? ¿Azúcar, miel o estevia? Luego llegamos a los sabores: moca, menta, calabaza. . . la lista continúa. Si todos los que leen este libro fueran a un café, les garantizo que pediríamos cosas diferentes.

¿Yo? Mientras escribo esto, tengo ganas de un café con leche descafeinado con leche entera, miel y canela. ¿Cuál es su pedido? Aquí está la cosa. No pido eso cada vez que visito un café. Diría que mi pedido depende de muchos factores: la temperatura exterior, los sabores disponibles y la hora del día. Esta variabilidad intrapersonal muestra que nunca podemos saber exactamente lo que alguien necesita sin darle opciones y luego preguntarle. Necesitamos brindar opciones y optimizar sus voces porque cada estudiante tiene derecho a acceder a las aulas con sus compañeros de grado, así como a tener oportunidades para aprender los estándares propios de su nivel. Esto requiere que articulemos claramente lo que todos los estudiantes tienen que saber y hacer y considerar todos los posibles caminos y apoyos que llevan a los estudiantes a esos objetivos firmes. Uno de mis dichos favoritos en el DUA es "objetivos firmes, medios flexibles". Cuando entregamos estos medios flexibles, también brindamos una oportunidad para que los estudiantes se vuelvan más expertos en su aprendizaje.

El aprendizaje experto no se trata de ser bueno en todo. Se trata de centrarse en sus necesidades individuales, conocer sus fortalezas y limitaciones en función del contexto y confiar en el apoyo en las áreas en las que reconoce que necesita apoyo. Se trata de hacer las cosas de la manera que las necesita, cuando las necesita, para alcanzar su nivel más alto de éxito. Los aprendices expertos, según la definición del DUA, son

- Resueltos y motivados

- Ingeniosos y bien informados

- Estratégicos y orientados a objetivos (Meyer et al., 2014)

Un aprendiz experto puede no ser el mejor estudiante o tener el talento más innato, pero eso no importa. Un aprendiz experto está motivado, tiene recursos, es reflexivo, persevera en los problemas, aprende de los errores y sigue probando nuevas estrategias hasta que logra los objetivos. Esta resolución creativa de problemas a veces se denomina pensamiento del siglo XXI. Siempre me divierte esta definición, ya que implica que los buenos solucionadores de problemas y los pensadores críticos no existían antes de nuestro tiempo.

El aprendizaje experto no se trata de ser bueno en todo. Se trata de conocer sus fortalezas y limitaciones y confiar en el apoyo en las áreas donde lo necesita.

La variabilidad, los objetivos firmes y el objetivo del aprendizaje experto crean una base para un sistema de creencias que respalda el DUA. Ni todas las Pautas del DUA en el mundo transformarán la práctica si no están al servicio de las creencias de que todos los estudiantes pueden aprender. Su cultura comienza a cambiar cuando reconoce el valor de creer en la variabilidad, la equidad y la inclusión.

Tomemos un momento para analizar la equidad educativa. En *Equity by Design: Delivering on the Power and Promise of UDL* [Equidad por diseño: Cumpliendo la promesa y el poder del DUA]

(2020), Mirko Chardin y yo argumentamos que, para tener equidad en la educación, las siguientes afirmaciones deben ser ciertas. Todos los estudiantes, independientemente de su identidad, deben tener

- ⮑ Acceso equitativo a aulas inclusivas con compañeros de grado
- ⮑ Oportunidades equitativas para aprender alineadas con los estándares del nivel de grado
- ⮑ Expectativas equitativas de que pueden tener éxito cuando se les brinda el apoyo adecuado
- ⮑ Sentimientos equitativos de pertenencia y esperanza

Para llegar allí, necesita diseñar para ello. Aquí es donde entran en juego los principios del DUA: proporcionar múltiples formas de compromiso, múltiples formas de representación, y múltiples formas de acción y expresión. Esencialmente, los principios impulsan el diseño al animar a los educadores a hacer tres preguntas fundamentales.

1. ¿Qué es lo que todos los estudiantes necesitan saber o ser capaces de hacer?
2. Con base en la variabilidad, ¿qué barreras pueden impedir que los estudiantes aprendan?
3. ¿Cómo diseño vías flexibles para que todos los alumnos aprendan y compartan lo que saben?

Antes de profundizar en el diseño y la entrega del plan de estudios, será útil familiarizarse con las Pautas del DUA (CAST, 2018), una colección de estrategias basadas en evidencia que abarcan la variabilidad y apoyan el aprendizaje experto y que están en continua evolución. Es importante tener en cuenta que cuando este libro se imprimió, CAST había iniciado un proceso para actualizar las Pautas del DUA a través de una lente de equidad, prestando atención específica a las barreras sistémicas para el aprendizaje relacionadas con la raza, la clase, el idioma, la discapacidad y el género. Independientemente del idioma actual o futuro de las Pautas del DUA, son solo eso: pautas. No son prescriptivos ni de talla única. Piense en ellos como una herramienta del ejército suizo que se puede utilizar de muchas maneras. De hecho, varios profesionales del DUA han encontrado formas de interpretar las versiones anteriores de las Pautas del DUA de manera antirracista y culturalmente receptiva. Mi amiga Andratesha Fritzgerald (2020) escribió *Antiracism and Universal Design for Learning: Building Expressways to Success* [Antirracismo y el DUA: Crear caminos al éxito] y señaló: "Si bien las pautas del DUA no mencionan explícitamente el racismo y otras patologías sociales como una barrera para el aprendizaje, les brindan a los educadores numerosas formas de abordar explícitamente el racismo y otras barreras que experimentan los estudiantes negros y latinos" (p. 11).

Cuando aprendí por primera vez sobre el DUA, pensé en las Pautas del DUA como los componentes básicos de un plan de estudios. Cuanto más me acerco a la planificación a través de la lente del DUA, más reconozco lo importante que es que nuestro enfoque esté siempre en las potenciales barreras que los estudiantes pueden enfrentar y el impacto que nuestro diseño tiene en su motivación, su aprendizaje y su sentido de pertenencia. Si pensamos en el DUA como algo que hacemos como profesionales, no estamos mirando los resultados de ese trabajo de diseño en los estudiantes a los que servimos. No se trata tanto de lo que hacemos, sino de cómo diseñamos oportunidades para que los estudiantes puedan "hacer" el aprendizaje siendo decididos, ingeniosos y estratégicos. Con demasiada frecuencia, escucho que los profesores "ya hacen esto", sin que demos un paso atrás para pensar en qué tan preparados están nuestros alumnos para apropiarse del proceso de aprendizaje, independientemente de su identidad.

En *Equity by Design*, Mirko Chardin y yo (Chardin y Novak, 2020) señalamos la importancia de implementar las Pautas para eliminar las barreras al aprendizaje, que va más allá de pensar en el diseño y la accesibilidad de las lecciones. Como educadores, tenemos el poder y el privilegio de diseñar un aprendizaje en el que los estudiantes tengan opciones flexibles para aprender y compartir lo que saben, pero también para crear un entorno en el que la voz de los estudiantes sea fundamental para cocrear las opciones para garantizar un aprendizaje más inclusivo y equitativo. Sugerimos las siguientes preguntas como punto de partida para examinar la desigualdad sistémica en su escuela o distrito.

- ⟳ Cuando se toman decisiones, ¿cómo se representa "quien tiene voz y quien queda fuera"?

- ⟳ ¿Cómo se refleja quién se beneficia y quién sufre a través de las líneas de raza, clase, género y religión?

- ⟳ ¿Quién determina si una determinada práctica es justa o injusta y por qué, y cuál es su identidad y antecedentes?

- ⟳ ¿Qué se requiere para crear el cambio y quién es el responsable?

- ⟳ ¿Qué alternativas podemos imaginar si volvemos a concebir nuestro sistema? ¿Qué cambiaría y por qué? (Chardin y Novak, 2020, p. 6)

Estas preguntas nos permiten lidiar con nuestras propias contribuciones a los sistemas que habitamos. Ya sea que estemos en un lugar de privilegio o no, somos dueños de este problema y tenemos el potencial y poder para abordarlo a través de acciones que comunican un cambio positivo.

Las Pautas o estrategias del DUA solo son efectivas cuando se aplican al servicio de las creencias fundamentales de un profesional del DUA y cuando las opciones y alternativas se crean conjuntamente con nuestros alumnos. Con demasiada frecuencia, buscamos opciones, pero el DUA es mucho más que opciones. Imagine por un momento que estoy organizando una fiesta en la piscina en mi casa. El objetivo es lograr que todos vengan en un día caluroso y se refresquen. Imagine que decido que la "evaluación" para refrescarse será un juego competitivo de waterpolo en la parte profunda. Claramente, tal decisión excluirá a los huéspedes que no sepan nadar o que no sean buenos nadadores, que no se sientan cómodos en traje de baño o que no sean fanáticos de los deportes competitivos. ¡Este es un ejemplo perfecto de diseño exclusivo porque claramente hay muchas otras formas de refrescarse en la fiesta!

Pero incluso con este diseño único para todos, podría ofrecer opciones. Imagine que necesito que todos jueguen waterpolo competitivo, pero no se preocupe, puede elegir el color de su gorro de baño. Eso no es el DUA, pero con demasiada frecuencia, vemos opciones simples como la respuesta sin tener una mirada más profunda en los objetivos firmes, la belleza de la variabilidad y el hecho de que los estudiantes deberían tener la oportunidad de consentir y ayudar a construir su experiencia educativa, no ser arrojado en la parte más profunda.

Ni todas las Pautas del DUA en el mundo transformarán la práctica si no están al servicio de las creencias de que todos los estudiantes pueden aprender. Su cultura comienza a cambiar cuando reconoce el valor de creer en la variabilidad, la equidad y la inclusión.

Para entender las Pautas, comience con el panorama general. El DUA cree que tiene la capacidad de diseñar el aprendizaje para todos los estudiantes (aceptando la variabilidad). Usted logra esto a) conociendo a fondo y expresando claramente el concepto que va a enseñar (articulando objetivos firmes) y b) ofreciendo variedad en la forma en que los estudiantes aprenden, los materiales que usan y cómo comparten lo que saben. Al mismo tiempo, se asegurará de reclutar e involucrar a los estudiantes en la personalización de su propio proceso de aprendizaje (aprendizaje experto).

Aunque es genial que muchos educadores ya implementen algunas de las Pautas del DUA, es un error pensar que usar una o dos Pautas equivale a una implementación completa. El DUA no es algo que simplemente se pueda "hacer". El DUA es en lo que se convierte su práctica cuando cambia la forma en que piensa sobre la enseñanza y el aprendizaje y aborda la planificación para optimizar la excelencia, la voz y las opciones de los estudiantes para que tengan un acceso significativo al aprendizaje del nivel con sus compañeros.

En pocas palabras, la implementación del DUA no es simplemente marcar elementos en una lista. Los profesores del DUA no solo reproducen un video y entregan una rúbrica. Eliminan las barreras para el aprendizaje mediante la planificación proactiva y deliberada del plan de estudios al que todos los estudiantes pueden acceder. La palabra clave es *proactiva*. El DUA guía las decisiones planificadas conscientes para ayudar a todos los estudiantes a aprender sobre los estándares que debe enseñar.

Esto puede ser un gran cambio filosófico para algunos porque históricamente era el trabajo de un profesor "arreglar" a los estudiantes para que pudieran tener éxito de una manera estandarizada. Recientemente, estuve en una presentación donde alguien compartió que estaban luchando con la flexibilidad del DUA porque "a veces solo tienes que pagar tus impuestos". El ejemplo estaba destinado a compartir que la vida no es flexible y, a veces, los estudiantes solo tienen que hacer lo que se les dice. Esto condujo a una discusión impresionante sobre "objetivos firmes, medios flexibles". Sí, todos tenemos que declarar nuestros impuestos, ¡pero piense en todas las opciones que tenemos! En los Estados Unidos, podemos presentar la solicitud en cualquier momento entre el momento en que recibimos nuestros formularios W2 y la fecha límite. ¿Necesita más tiempo? No se preocupe, puede presentar una prórroga. Podemos presentar en papel o electrónicamente y aún hay más opciones. Puede presentar su propia declaración porque el Servicio de Impuestos Internos (IRS, por sus siglas en inglés) pone a su disposición muchos recursos en innumerables idiomas, pero también puede comprar software como TurboTax o contratar a un contador. Usted tiene numerosas opciones para pagar sus impuestos y sobre cómo recibe su devolución (¡si recibe uno!).

Aunque las prácticas de talla única y la corrección de los niños pueden tener buenas intenciones, los tiempos han cambiado. Nuestro trabajo ahora es enseñar a todos los estudiantes a cumplir con altos estándares al proporcionar vías flexibles y variadas para el éxito. Tenemos un tiempo tan limitado con los estudiantes. En lugar de invertirlo tratando de transformarlos de individuos en aprendices estandarizados, debemos enseñarles tal como son y permitirles ser las personas más exitosas que puedan ser. Es profundo, realmente, pensar en enseñar de esta manera, y también muy liberador. Ahora somos libres de abrazar nuestro tema, pensar creativamente y ayudar a los estudiantes a amar el contenido tanto como nosotros.

Por mucho que me gustaría, no podemos chasquear los dedos y cambiar la vida hogareña de los estudiantes, y no podemos cambiar inmediatamente las comunidades donde viven, pero tampoco podemos poner excusas. En su lugar, tenemos que poner el listón muy alto y desarrollar un plan de estudios y un entorno de aprendizaje que inspire y desafíe a todos los estudiantes. Para hacer esto, necesitamos enfocarnos en cómo nuestros estudiantes tendrán éxito. Si piensa en todas las razones por las que sus estudiantes no tendrán éxito, no lo tendrán. Esto se llama el *modelo de déficit* y, lamentablemente, muchas escuelas y docentes operan con esta mentalidad.

El modelo de déficit les echa la culpa del fracaso estudiantil a los estudiantes, sus padres y la comunidad (Prime y Miranda, 2006). Los profesores que funcionan bajo este modelo creen que sus estudiantes no tienen lo que se necesita para tener éxito, y ninguna cantidad de enseñanza cambiará eso. Debido a su bajo sentido de eficacia, los docentes reducen sus expectativas. Cambian la secuencia y el ritmo de la instrucción y restan énfasis a los temas desafiantes, simplificando otros. *Esto no es el DUA.* El DUA se trata de diseñar lecciones que desafiarán a todos los estudiantes y los impulsarán a alcanzar los estándares del nivel. Cuando enseña el DUA, tiene que creer que todos sus estudiantes tendrán éxito y mantener esa creencia viva cuando diseña su plan de estudios.

Para verlo de otra manera, imagine que está organizando una cena para algunos nuevos colegas. Probablemente prepare un menú que juegue con sus puntos fuertes como cocinero o contrate el mejor catering en su área para permanecer en su zona de confort como anfitrión. Esto es muy similar al estilo tradicional de enseñanza porque los profesores enseñan en sus zonas de confort, los administradores organizan las reuniones en sus zonas de confort.

Ahora, imagine que, para prepararse para la fiesta, ha trabajado duro todo el día preparando una comida deliciosa. En las dos versiones anteriores de este libro, usé lasaña mexicana en esta analogía, pero la estoy cambiando. ¡Piense en la noche de pizza! Usted mismo hace la masa (¡qué Martha Stewart de su parte!) y le agrega salsa marinara, cebollas y pimientos salteados, salchicha italiana, queso y hojuelas de pimiento rojo. Se siente optimista y totalmente preparado porque la pizza está perfectamente crujiente en la piedra para pizza y huele deliciosa y la casa está limpia. Enciende unas velas, escucha un golpe en la puerta y da la bienvenida a sus invitados. Todo va genial, hasta la cena. Mientras sirve la comida, se da cuenta de que no todos pueden comerla. Tiene amigos que son intolerantes a la lactosa, no comen alimentos con gluten y son vegetarianos. ¡Todo ese trabajo para nada!

¿Qué hará como buen anfitrión? Se apresura a hacer arreglos para que sus invitados puedan comer. Quiero decir, no tiene tiempo para hacer una masa completamente nueva desde cero, pero las pizzas de muffins ingleses siguen siendo una cosa, ¿verdad? Eso funcionará para todos menos para su amigo que no come gluten. Entra el pánico.

Compare esto con la enseñanza. Cuando enseñamos como siempre lo hemos hecho, algunos de nuestros "invitados" no pueden consumir lo que estamos sirviendo y estamos exhaustos tratando de averiguar qué necesitan. Ahora, si usted fuera un planificador de menús DUA, habría pensado más en las posibles barreras de sus invitados y planeado una deliciosa comida que habrían disfrutado juntos, o habría organizado algo más como una noche de "haz tu propia" pizza, que incluye una selección de masa regular o sin gluten, todos los ingredientes a la carta y un recordatorio de "trae tus propios" ingredientes para darle más sabor a las opciones. Si hubiera planeado la comida de forma proactiva desde el principio, habría eliminado las barreras y no habría tenido que hacer ajustes innecesarios.

Si estuviera planificando un menú DUA, no reduciría la comida a su mínimo común denominador. Por ejemplo, una masa sin gluten con un poco de salsa marinera puede permitir que todos coman, pero no ganará ningún premio a la cena del año y siempre existe la posibilidad de que alguien tenga alergia al tomate. La magia de hospedar es brindar suficientes opciones para que todos puedan preparar su propia comida y llenar sus estómagos con alimentos que sean deliciosos y nutritivos y que satisfagan sus necesidades dietéticas. No desea que sus invitados pasen por el autoservicio de camino a casa.

Una vez que planifique su menú de opciones, también debe considerar las herramientas que proporcionará para que sus invitados puedan servirse solos. Mientras colaboraba con un grupo de profesores, un profesor de historia de escuela secundaria se dio cuenta que planificar un bufé implica mucho más que considerar solo las opciones para la comida. Un planificador de fiestas eficaz y proactivo también considera la importancia de proporcionar utensilios, platos, tazones y servilletas. Puede planificar una deliciosa barra de pizza, pero si no proporciona a sus invitados cucharas, platos y utensilios para servir, la experiencia gastronómica no será completamente accesible para sus invitados. En resumen, es probable que todo el mundo haga un lío.

El DUA no se trata solo de proporcionar herramientas para que los estudiantes accedan a experiencias de aprendizaje y administren su salón de clases. Se trata de eliminar las barreras para que todos los estudiantes puedan tener éxito. Una forma de empezar es usar los principios del DUA. Los principios de compromiso, representación y estrategia se correlacionan con la forma en que nuestros cerebros están organizados para el aprendizaje. El DUA se basa en años de investigación en las ciencias del aprendizaje, incluida la ciencia del cerebro, centrada en tres redes del cerebro. Piense en las redes como las tres áreas del cerebro que ayudan a los estudiantes a aprender. Si puede aprovechar las tres redes en una lección, sus alumnos aprenderán más.

El DUA no se trata solo de proporcionar herramientas para que los estudiantes accedan a experiencias de aprendizaje y administren su salón de clases. Se trata de eliminar las barreras para que todos los estudiantes puedan tener éxito.

Nada sucede sin el compromiso o el "por qué" del aprendizaje. Estoy segura de que, como educador, le han preguntado varias veces: "¿Por qué necesito aprender esto?". Aunque a veces es tentador responder: "Porque yo lo digo" o "Tienes que hacerlo", ninguna de esas respuestas encenderá el fuego entre sus alumnos. En pocas palabras, si un alumno no ve una razón por la que debería aprender algo, es probable que no le preste atención o se comprometa a aprenderlo.

El principio de compromiso se basa en la red afectiva del cerebro. Piense en ello como algo similar al termostato de un sistema de calefacción. Si no configuramos la temperatura, el horno no se encenderá y el sistema no soplará aire caliente en nuestras habitaciones. Dado que todos nuestros estudiantes son diferentes, la única forma que tenemos de ayudarlos a comprender por qué necesitan aprender esto es brindándoles opciones (¡configurando sus termostatos!) para que cada estudiante pueda elegir el camino que lo ayude a ver el propósito de su trabajo.

La representación tiene que ver con el "qué" del aprendizaje. Es el proceso de recopilar y presentar información a los estudiantes de una manera que los estudiantes puedan entender, participar y comprender. La representación utiliza la red de reconocimiento del cerebro para extraer y dar sentido al contenido. Usando nuestra analogía del sistema de calefacción, la red de reconocimiento es el horno o el quemador que usamos para generar calor. Incluso si el termostato está ajustado, no obtendremos calor sin el quemador.

Durante los últimos 200 años de educación, el principal medio de representación ha sido el texto impreso y la lectura, a pesar de las barreras inherentes. Obviamente, si tiene una discapacidad visual, el texto impreso es un gran problema. Pero también es una barrera para los estudiantes que están aprendiendo español o aquellos que están luchando con la comprensión de lectura y las habilidades de lectura, la dislexia y el TDAH. Necesitamos proporcionar múltiples formas de representación, ir más allá de una lectura y un texto impreso, para derribar las barreras para nuestros alumnos.

El tercer principio del DUA nos lleva al "cómo" del aprendizaje: la acción y la expresión, que dependen de la red estratégica del cerebro. Aquí también es donde los estudiantes toman el relevo utilizando su función ejecutiva para fijar sus metas, planificar sus proyectos y entregar evidencias de lo que saben utilizando múltiples formas de acción y expresión. La red estratégica es el soplador en el sistema de calefacción. Una vez que se ha ajustado el termostato y se ha encendido el fuego en el quemador, necesitamos un componente más, el ventilador, ¡para que realmente nos entregue el calor! La expresión de los estudiantes reflejará (¡y debería reflejar!) su variabilidad y su singularidad en la forma en que alcanzaron la meta.

Los estudiantes aprenderán más en aulas de diseño universal porque la activación de las tres redes cerebrales hace lo que dice:

asegura que tres partes del cerebro estén encendidas y listas para aprender. Para darle una imagen, piense en el comercial producido por Partnership for a Drug-Free America [la Asociación para una América Libre de Drogas] en la década de 1980, el que se reprodujo sin descanso durante los especiales después de la escuela. La cámara se acerca a una sartén de hierro fundido con mantequilla chisporroteando. La voz en off dice: "Esto son drogas". Luego, alguien rompe un huevo y lo deja caer en la sartén, y comienza a carbonizarse en la mantequilla escaldada. La misma voz dice: "Este es tu cerebro drogado". Los preadolescentes de todas partes estaban traumatizados por ese comercial, imaginando que sus propios cerebros salían de sus oídos como yema de huevo quemada. El mensaje era claro: las drogas pueden arruinar su cerebro y luego no puede aprender. Eso se debe a que las drogas queman redes o áreas del cerebro para hacer que ciertas tareas sean difíciles o imposibles.

Si puede iluminar diferentes partes del cerebro, los estudiantes aprenderán. Si no logra encender esas redes cerebrales, está en territorio de huevo frito y será difícil para los estudiantes aprender algo de usted.

Las tres redes cerebrales coinciden con las Pautas del DUA. Las Pautas proporcionan estrategias basadas en evidencia sobre cómo activar cada red. A veces escuchará que las personas se refieren a las "redes" y otras se refieren a los principios o pautas, pero más o menos se refieren a lo mismo.

Las Pautas son los componentes básicos de un plan de estudios del DUA cuando están al servicio de los componentes centrales de DUA: variabilidad, objetivos firmes y aprendizaje experto. Si ya está familiarizado con las Pautas y las redes y siente que no necesita un repaso, salte adelante.

Tenga en cuenta que un tercio completo de las Pautas del DUA (Figura 2-2) se refiere al compromiso. ¿Cuáles son algunas barreras para el compromiso?

➲ Los estudiantes no entienden el propósito de la lección.

➲ Los estudiantes tienen dificultades sociales o emocionales.

- La tarea es demasiado fácil o difícil.

- La tarea no tiene valor en la vida de los estudiantes.

- El tema se considera aburrido o irrelevante.

- Los estudiantes carecen de estrategias de superación u otras funciones de autorregulación.

Los dos últimos son barreras significativas para la participación. La primera es que los estudiantes no creen que el plan de estudios sea interesante o relevante para ellos, por lo que no les interesa aprender. La segunda es que los estudiantes carecen de perseverancia o habilidades de superación y no pueden persistir cuando el aprendizaje se vuelve desafiante. Si alguna de estas barreras está presente en su entorno de aprendizaje, no importa cuán brillantemente diseñe su plan de estudios. Los estudiantes deben creer que aprender su contenido o habilidades es importante o pueden optar por *no* aprender.

Las pautas de compromiso son valiosas porque hacer que el currículo sea relevante e inculcar la reflexión y la perseverancia en los estudiantes no puede lograrse mediante un currículo con guion y guías de ritmo. Usted es profesor y conoce a sus alumnos. Conectar su plan de estudios con su audiencia y brindarles las herramientas para mantenerse motivados y regulados es un verdadero arte. Proporcionar múltiples formas de compromiso lo ayudará a hacer esto de manera más efectiva y activará las redes afectivas de los estudiantes.

No necesariamente tiene que implementar todas las Pautas con todos los estudiantes. Las Pautas le recuerdan que proporcione opciones. Si, por ejemplo, su objetivo es evitar que los estudiantes se enojen o abandonen dándoles andamios, refuerzo positivo, tiempo de descanso, etc., es posible que tenga un subconjunto de estudiantes que no quieran tomarse un descanso de su aprendizaje. Está bien. En el DUA, los estudiantes están facultados para dirigir su propio aprendizaje. Con todas las Pautas, se centrará en proporcionar las opciones y ayudar a los alumnos a reflexionar sobre las opciones y elegir las más adecuadas.

Pautas del Diseño Universal para el Aprendizaje

Proveer Múltiples Formas de
Motivación

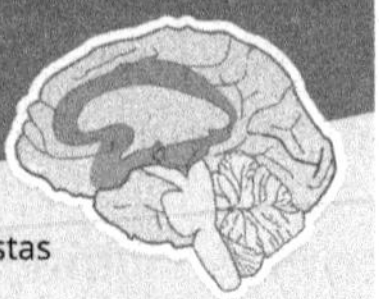

Aprendices motivados y entusiastas

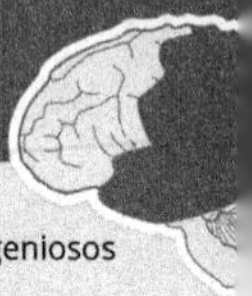

Proveer Múltiples Formas de
Representación

Aprendices conocedores e ingeniosos

Acceso

Proveer opciones para
la autorregulación

- Promover expectativas y creencias que optimicen la motivación
- Facilitar habilidades y estrategias dirigidas a enfrentar desafíos
- Desarrollar la auto-evaluación y la reflexión

Proveer opciones para
la comprensión

- Proveer o activar los conocimientos previos
- Destacar patrones, características fundamentales, ideas principales y relaciones entre ellas.
- Guiar el procesamiento de la información, la visualización y la manipulación
- Maximizar la transferencia y la generalización de la información

Construcción

Proveer opciones para mantener
el esfuerzo y la persistencia

- Resaltar la relevancia de metas y objetivos
- Variar las demandas y los recursos para optimizar los desafíos
- Promover la colaboración y la comunicación
- Aumentar retroalimentación orientada a la maestría

Proveer opciones para
el lenguaje y los símbolos

- Aclarar vocabulario y símbolos
- Aclarar la sintaxis y la estructura
- Apoyar la decodificación de textos, notaciones y símbolos matemáticos
- Promover la comprensión entre diferentes lengu
- Ilustrar a través de múltiples medios

Internalización

Proveer opciones para
captar el interés

- Optimizar opciones individuales y autonomía
- Optimizar habilidades para buscar información relevante, valiosa y auténtica
- Minimizar amenazas y distracciones

Proveer opciones para
la percepción

- Ofrecer formas para personalizar la entrega de la información
- Ofrecer alternativas para la información auditiva
- Ofrecer alternativas para la información visual

Meta

Aprendices expertos

Decididos y Motivados

Ingeniosos y Conocedores

udlguidelines.cast.org | © CAST, Inc. 2018 | Suggested Citation: CAST (2018). Universal design for learning guideli

Figura 2-2: Las Pautas del Diseño Universal para el Aprendizaje

CAST | Until learning has no limits·

Proveer Múltiples Formas de
Acción y Expresión

Aprendices estratégicos y dirigidos a la meta

Proveer opciones para
la función ejecutiva

- Guiar el establecimiento de metas apropiadas
- Apoyar la planificación y el desarrollo de estrategias
- Facilitar la gestión de la información y de recursos
- Mejorar la capacidad para monitorear el progreso

Proveer opciones para
la expresión y la comunicación

- Usar de múltiples medios para la comunicación
- Usar de múltiples herramientas para la composición y construcción
- Construir la fluidez y elocuencia con niveles graduados de ayuda para la práctica y el desempeño

Proveer opciones para
la acción física

- Opciones en las modalidades de repuesta física
- Opciones en los medios de navegación
- Opciones por el acceso de las herramientas y las tecnologías de asistencia.

Estratégicos y Dirigidos a la Meta

2.2 [graphic organizer]. Wakefield, MA: Author.

La implementación de las pautas de compromiso ayudará a eliminar algunas barreras comunes que impiden que los estudiantes se conviertan en aprendices motivados y decididos. La Tabla 2-1 comparte preguntas de reflexión y consideraciones que pueden ser útiles a medida que reflexiona sobre cómo aborda la planificación para que todos los alumnos tengan oportunidades equitativas para tener éxito.

Las pautas de representación nos recuerdan proporcionar múltiples formas de representación para activar las redes de reconocimiento de todos los estudiantes. La representación es el proceso de enseñar nuevos contenidos o habilidades a los estudiantes. Históricamente, la lectura y los monólogos del profesor eran métodos de enseñanza populares, así que examinemos algunas de las barreras asociadas con ellos (Tabla 2-2).

Tabla 2-1: Consideraciones sobre el compromiso

Proporcionar múltiples formas de motivación	Consideraciones
Entregar opciones para captar intereses. ★ Optimizar la elección individual y la autonomía. ★ Optimizar la relevancia, el valor y la autenticidad. ★ Minimizar las amenazas y las distracciones.	★ ¿Cómo está diseñando su clase para asegurar que cada estudiante se vea a sí mismo en el currículo, en las paredes del salón de clases y dentro de las expectativas del salón de clases? ★ ¿Cómo les pide a los estudiantes que compartan sus intereses, sus ideas para aprender y lo que saben? ★ ¿Cómo diseña su entorno de aprendizaje para garantizar que los estudiantes se sientan lo suficientemente seguros como para asumir riesgos, ser auténticos y contribuir a crear una comunidad en el aula?

Proporcionar múltiples formas de motivación	Consideraciones
Proporcionar opciones para mantener el esfuerzo y la persistencia. ★ Elevar la prominencia de las metas y objetivos. ★ Variar las demandas y los recursos para optimizar el desafío. ★ Fomentar la colaboración y la comunicación. ★ Aumentar la retroalimentación orientada al dominio.	★ ¿Cómo se asegura de que todos los alumnos conozcan el propósito de la lección y por qué es importante? ★ ¿Cómo aseguran sus lecciones diferentes niveles de desafío para que los estudiantes puedan elegir caminos que los desafíen y apoyen adecuadamente? ★ ¿Cuáles son las estrategias que utiliza para garantizar que todos los estudiantes tengan una colaboración significativa con socios diversos? ★ ¿Cómo se asegura de que los estudiantes reciban retroalimentación a lo largo de cada lección a través de una combinación de autorreflexión, revisión por pares y retroalimentación del docente?
Entregar opciones para la autorregulación. ★ Promover expectativas y creencias que optimicen la motivación. ★ Facilitar habilidades y estrategias personales de superación. ★ Desarrollar la autoevaluación y la reflexión.	★ ¿Cómo ayuda a los estudiantes a mantenerse motivados y proporciona recursos para evitar la frustración? ★ ¿Cómo evita que los estudiantes se enojen o abandonen el aprendizaje cuando es un desafío? ★ ¿Qué estrategias utiliza para alentar a los estudiantes a evaluar de manera efectiva su propio aprendizaje?

Si enseñamos de una sola manera y no brindamos opciones a los estudiantes, algunos estudiantes no aprenderán. Dado que es nuestro trabajo enseñar a todos los estudiantes, debemos usar múltiples representaciones para cada lección que enseñamos. Las Pautas brindan recordatorios o sugerencias sobre cómo hacerlo.

Tabla 2-2: Barreras de presentación que enfrentan los estudiantes

Barreras en el formato de clase	Barreras en la lectura de textos
★ Tienen problemas de audición o tienen una barrera de procesamiento auditivo. ★ Tienen barreras de atención o memoria. ★ Carecen de conocimientos previos. ★ Todavía no entienden el vocabulario o la jerga temática que utiliza. ★ Su idioma no es su lengua materna.	★ Tienen una discapacidad visual. ★ No son capaces de decodificar el texto. ★ Leen por debajo del nivel. ★ Les falta energía para leer.

Cuando está diseñando la parte de representación de su lección, tiene múltiples puntos de control, o prácticas de enseñanza específicas, para aplicar. La Tabla 2-3 brinda consideraciones para su planificación a fin de garantizar que todos los estudiantes tengan acceso equitativo al aprendizaje de los materiales del nivel.

Tabla 2-3: Consideraciones sobre la representación

Proporcionar múltiples formas de representación	Consideraciones
Entregar opciones para la percepción. ★ Ofrecer formas de personalizar la visualización de la información. ★ Ofrecer alternativas de información auditiva. ★ Ofrecer alternativas de información visual.	★ Al brindar instrucción directa, ¿cómo utiliza los componentes de audiovisuales para garantizar que todos los estudiantes puedan aprender a niveles altos? ★ Si está asignando texto, ¿cómo complementa el texto proporcionando audio, imágenes y traducciones para que los estudiantes desarrollen la comprensión?

Proporcionar múltiples formas de representación	Consideraciones
Proporcionar opciones de lenguaje, expresiones matemáticas y símbolos. ★ Aclarar vocabulario y símbolos. ★ Aclarar la sintaxis y la estructura. ★ Admitir la decodificación de texto, notación matemática y símbolos. ★ Promover la comprensión entre idiomas. ★ Ilustrar a través de múltiples formas.	★ ¿Cómo enseña vocabulario para asegurarse de que todos los estudiantes construyan y puedan comprender el vocabulario del nivel? ★ Si el español es el segundo idioma de los estudiantes, ¿qué técnicas utiliza para honrar el primer idioma de un estudiante y apoyar su desarrollo del idioma español? ★ ¿Con qué frecuencia usa recursos multimedia como gráficos, imágenes, películas, clips de audio y objetos manipulables para que puedan desarrollar la comprensión del lenguaje?
Proporcionar opciones para la comprensión. ★ Activar o suministrar conocimientos previos. ★ Resaltar patrones, características críticas, grandes ideas y relaciones. ★ Guiar el procesamiento, la visualización y la manipulación de la información. ★ Maximizar la generalización y la transferencia.	★ ¿Cómo activa los conocimientos previos de los estudiantes al comienzo de cada lección? ★ A medida que los estudiantes están aprendiendo, ¿qué andamios proporciona para llamar la atención de los estudiantes hacia el contenido más importante? ★ ¿Cómo ayuda a todos los estudiantes a ver cómo pueden usar la nueva información en otras clases, unidades o entornos?

Las pautas de acción y expresión se enfocan en estrategias para acceder y apoyar el aprendizaje de los estudiantes. Es imperativo involucrar a los estudiantes y representar el contenido para que sea accesible, pero para determinar qué han aprendido los estudiantes, debe evaluar su aprendizaje. Dos métodos populares utilizados para evaluar a los estudiantes son las respuestas escritas y las pruebas objetivas de opción múltiple. Veamos algunas barreras para estos formatos (Tabla 2-4).

Tabla 2-4: Barreras para la acción y la expresión

Barreras para las respuestas escritas	Barreras para las pruebas objetivas
★ Tienen malas habilidades de escritura a mano o en teclado. ★ Tienen dificultades con la organización de las ideas. ★ Son incapaces de recordar el lenguaje necesario para responder. ★ Tienen dificultades con la ortografía y/o las convenciones del lenguaje.	★ Sufren de ansiedad con las pruebas. ★ Carecen de técnicas sólidas para rendir pruebas. ★ Tienen dificultades con los recuerdos/la memoria. ★ Omitieron preguntas/siguieron las respuestas incorrectamente. ★ No entendieron o leyeron mal las instrucciones.

Mencione tantas opciones como sea posible para que los estudiantes expresen sus conocimientos y activen sus redes estratégicas. Si eso no es posible, debe incluir indicaciones con andamios incorporados, ejemplos de trabajo e instrucciones explícitas para todos los estudiantes. Revise las consideraciones para las pautas de acción y expresión en la Tabla 2-5.

Si desea diseñar un entorno de aprendizaje más inclusivo y equitativo en el que sus alumnos tengan la oportunidad de convertirse en aprendices informados, orientados a objetivos y motivados, planifique sus lecciones utilizando estrategias basadas en evidencia descritas en las Pautas. Sepa que las Pautas son lo suficientemente flexibles para abordar las barreras que aún no se pueden nombrar explícitamente.

Tabla 2-5: Consideraciones sobre acciones y expresiones

Entregar múltiples formas de acción y expresión	Preguntas para la reflexión
Proporcionar opciones para la acción física. ★ Variar los métodos de respuesta y navegación. ★ Optimizar el acceso a herramientas y tecnologías de asistencia.	★ ¿Qué técnicas utiliza en su salón de clases para garantizar que los estudiantes conozcan las tecnologías de asistencia disponibles para ellos y cómo los alienta a usar toda la tecnología disponible (generador de voz, lectura en voz alta) cuando la necesitan?
Proporcionar opciones para la expresión y la comunicación. ★ Utilizar múltiples formas de comunicación. ★ Usar múltiples herramientas para la construcción y composición. ★ Desarrollar fluidez con niveles graduados de apoyo para la práctica y el desempeño.	★ ¿Con qué frecuencia proporciona evaluaciones flexibles para que todos los estudiantes tengan opciones/oportunidades para compartir lo que saben? ★ ¿Qué herramientas y andamios proporciona a todos los estudiantes a medida que completan las evaluaciones para que puedan compartir su aprendizaje de manera más independiente?
Proporcionar opciones para las funciones ejecutivas. ★ Guiar la definición de objetivos apropiados. ★ Apoyar la planificación y el desarrollo de estrategias. ★ Facilitar la gestión de la información y los recursos. ★ Mejorar la capacidad para monitorear el progreso.	★ ¿Cómo alienta a los estudiantes a establecer metas para su aprendizaje y monitorear el progreso de esas metas a través de la autoevaluación? ★ ¿Qué estrategias utiliza para garantizar que todos los estudiantes tengan opciones para reflexionar sobre su aprendizaje, recibir retroalimentación y tener oportunidades para revisar su trabajo?

Ahora, después de aprender sobre el marco del DUA, probablemente se sienta de tres maneras (vea la Figura 2-3):

1. Motivado
2. Abrumado
3. Escéptico

Motivado   Abrumado   Escéptico

Figura 2-3: ¿Cómo se siente?

Recuerda, lo que sea que esté sintiendo es normal, pero tratemos de arrojar un poco de luz sobre esas tres emociones porque muchos otros educadores se han sentido de la misma manera.

Si está motivado, eso es maravilloso. Esto probablemente se deba a que ya ha oído hablar del DUA y está interesado en implementarlo en su práctica. El DUA es una excelente manera de inspirar a los estudiantes y aumentar el rendimiento. Tal vez ya comenzó a implementar el DUA y ahora está emocionado porque se siente afirmado y listo para hacer más. ¡Bien por usted!

Si se siente abrumado, también está bien. El DUA es mucho trabajo, pero solo dé un paso atrás y se dé cuenta de que no tiene que implementar todo a la vez. No puede pasar de 0 a 60 en un abrir y cerrar de ojos. Recuerde que puede tomar 100 (o más) intentos hasta que alcance su ritmo. Intente hacer pequeñas adaptaciones en su entorno de aprendizaje, como publicar un estándar en la pizarra o permitir que los estudiantes elijan cómo responderán al contenido nuevo. No tiene que cambiar por completo de la noche a la mañana. Puede comenzar a implementar el DUA de inmediato, pero construir un aula que admita múltiples tareas y formatos es un compromiso a largo plazo. Justo cuando cree que ha logrado su objetivo de apoyar a un grupo en particular en su viaje de aprendizaje, el año escolar termina. Es hora de empezar de nuevo. Es como entrenar para un maratón. Cuando está entrenando por primera vez para un evento de este tipo, cuando corre solo una milla, parece que nunca llegará allí, pero esas millas comienzan a acumularse; lo mismo ocurrirá con su práctica del DUA. A veces, en mis entrenamientos para la maratón, me he lastimado y he tenido que tardar un poco en recuperarme. Cuando estoy lista, empiezo de nuevo. El camino hacia el aprendizaje experto no es lineal, y eso está bien.

Tal vez se sienta escéptico cada vez que escuche sobre la nueva reforma educativa porque es tan frustrante que las mejores prácticas parecen cambiar todos los días, meses y años. Probablemente odie perder el tiempo planificando unidades que se desechan el próximo año. Lo hermoso del DUA es que no tiene que incorporar las prácticas en una sola lección. Cambiará sus prácticas para crear más autonomía y agilidad en el aprendizaje, de modo que cuando lleguen las nuevas normas y el nuevo plan de estudios, que lo harán, tenga estrategias y enfoques de planificación lo suficientemente flexibles para adaptarse.

Lo hermoso del DUA es que no tiene que incorporar las prácticas en una sola lección. Cambiará sus prácticas para crear más autonomía y agilidad en el aprendizaje, de modo que cuando lleguen las nuevas normas y el nuevo plan de estudios, que lo harán, tenga estrategias y enfoques de planificación lo suficientemente flexibles para adaptarse.

Resumen

Los componentes centrales del DUA (variabilidad, objetivos firmes y aprendizaje experto) son creencias críticas para optimizar la práctica del DUA. Una vez que se haya comprometido a abordar la planificación a través de la lente del DUA, las Pautas proporcionan un método práctico y con base científica que mejorará su enseñanza diaria y el diseño del plan de estudios y la autodirección de sus alumnos.

Preguntas para la reflexión

1. Discuta las tres creencias centrales o componentes del DUA (variabilidad, objetivos firmes y aprendizaje experto) y por qué son fundamentales para diseñar el aprendizaje para todos.

2. ¿Qué Pautas/puntos de control del DUA ya utiliza con los estudiantes? Puede ser útil volver atrás y resaltar todas las estrategias que usa regularmente a medida que se acerca a la planificación.

3. ¿Qué Pautas/puntos de control del DUA le resultaría difícil implementar? Pregúntese por qué. ¿Cree que los estudiantes no serían receptivos a ellos, o cree que tendría dificultades con la estrategia? Si está con colegas, pídales su opinión.

3

Diferencias entre el DUA y la instrucción diferenciada

OBJETIVO FIRME: Comprenderá cómo el DUA y la instrucción diferenciada (ID) funcionan juntos en un sistema de apoyo de varios niveles.

FUNDAMENTOS: Muchos educadores escuchan sobre el DUA y se preguntan: "¿No es esto lo mismo que la ID?". La respuesta es no. Ambos enfoques abordan el fracaso de la educación tradicional para satisfacer las necesidades de todos los alumnos y son fundamentales para usarlos juntos, pero no son lo mismo. Este capítulo destaca algunas formas de complementar el DUA con la ID cuando los estudiantes necesitan instrucción específica.

Considere, por un momento, dos tipos muy diferentes de líderes. Un líder, la Sra. Microgestión, controla todos los aspectos de su práctica. Sin siquiera pedir su opinión, ella dicta sus objetivos profesionales, cómo se configura su salón de clases y los protocolos para sus reuniones. No encuentra útil ese nivel de apoyo (por decirlo de una manera amable), pero cumple porque, después de todo, ella es su jefa.

Un día, la Sra. Microgestión les da a usted y a sus colegas un examen de alto nivel que evalúa su comprensión de la pedagogía y el diseño (quiero decir, ¿a quién no le gustan los datos?). El día de la evaluación no es un buen día; sus resultados le llevan directo al grupo de "necesidades de mejora" para la planificación de lecciones. Ahora tiene "lecciones" especiales, solo para usted, durante cada reunión de profesores durante el resto del año. Mientras enumera meticulosamente los materiales en su plantilla de planificación de lecciones única para todos, sus colegas del pasillo están trabajando en unidades basadas en proyectos y creando protocolos para las próximas rondas de instrucción. Tiempos divertidos.

Otro líder, el Sr. Autónomo, lo contrata porque cree que es capaz de grandes cosas. Él lo apoya con los recursos y los comentarios que necesita para tener éxito, y le brinda opciones sobre cómo organizar su salón de clases y estructurar las reuniones de padres. Debido a que el diseño de la lección es un componente crítico de la práctica del educador, quiere asegurarse de que todos se sientan preparados para diseñar lecciones inclusivas, accesibles y atractivas. Comienza una reunión con una autoevaluación y da oportunidades para que usted y sus colegas vean lecciones de ejemplo, exploren documentos "buscados" y establezcan metas personales sobre cómo llevar su diseño instruccional al siguiente nivel. Tiene opciones para crear planes de lecciones, crear lecciones basadas en proyectos y/o crear protocolos de rondas de instrucción para observar las lecciones de sus colegas en función de lo que necesite. Puede trabajar solo o con su equipo, adentro o afuera, en esa adorable mesa de picnic.

¿Para qué jefe está dispuesto a trabajar más duro?

Si queremos que nuestros estudiantes sean aprendices motivados y autodirigidos, tenemos que apoyar su viaje para que se vuelvan autónomos y puedan personalizar su aprendizaje. Para hacer esto, tenemos que centrarnos en la motivación y ayudar a desarrollar la autoconciencia y la autodirección de los estudiantes. Empoderar a nuestros estudiantes con opciones y la oportunidad de personalizar su propio aprendizaje es uno de los conceptos centrales del DUA, y debemos diseñarlo de manera planificada. Sin embargo, eso no significa que permitamos que nuestros alumnos se vuelvan rebeldes. Además de canalizar a nuestro Sr. Autónomo interno, también debemos reconocer el beneficio de usar evidencia para brindar apoyo adicional y específico si es necesario. Brindar opciones y alternativas para que los educadores creen lecciones significativas diseñadas universalmente es absolutamente esencial para crear una cultura positiva de aprendizaje de adultos. Pero ¿qué pasa si hay algunos educadores que aún necesitan apoyo adicional? Ahí es cuando los líderes deben ser receptivos y ahí es donde encaja la instrucción diferenciada (ID; Tomlinson, 2000).

Mi comprensión de cómo el DUA y la ID funcionan juntos ha crecido exponencialmente desde la segunda edición de este libro. En las dos primeras ediciones, cuando hablaba de la ID, solía usar la palabra *reactivo*. Desde entonces he hecho la transición a *responsivo*.

Mi comprensión de cómo el DUA y la ID funcionan juntos ha crecido exponencialmente. En las dos primeras ediciones, cuando hablaba de la ID, solía usar la palabra reactivo. *Desde entonces he hecho la transición a* responsivo.

Carol Ann Tomlinson, una de las principales defensoras de la instrucción diferenciada, tuvo el mismo reconocimiento que los creadores del DUA: la diversidad de los estudiantes no se atiende con un plan de estudios único para todos. En el libro *Integrating Differentiated Instruction and Understanding by Design*

[Integración de la instrucción diferenciada y la comprensión por diseño] (2006), Tomlinson y el coautor Jay McTighe comparten la importancia de la instrucción diferenciada:

> A los profesores les resulta cada vez más difícil ignorar la diversidad de alumnos que componen el aula. La cultura, la raza, la economía, el género, la experiencia, la motivación para alcanzar logros, la discapacidad, las habilidades avanzadas, los intereses personales, las preferencias de aprendizaje y la presencia o ausencia de un sistema de apoyo de adultos son solo algunos de los factores que los estudiantes traen consigo en una casi impresionante variedad. Pocos profesores encuentran que su trabajo sea efectivo o satisfactorio cuando "sirven" a un plan de estudios, incluso uno elegante, sin tener en cuenta sus variadas necesidades de aprendizaje. Para muchos educadores, la instrucción diferenciada ofrece un marco para abordar la variación del alumno como un componente crítico de la planificación de la instrucción. (p. 2)

Responder a las necesidades de nuestros estudiantes es fundamental para atenderlos de manera inclusiva y equitativa, pero no es responsabilidad exclusiva del profesor personalizar el aprendizaje para los estudiantes. En nuestras aulas y entornos de aprendizaje, tenemos que diseñar proactivamente nuestra instrucción para que todos los alumnos tengan opciones y alternativas para diferenciar su aprendizaje y acceder a la instrucción con sus compañeros. Reconocer las barreras para un currículo único para todos, crear caminos adicionales y ponerlos a disposición de todos los estudiantes ayuda a los estudiantes a reflexionar sobre sí mismos y tomar decisiones sobre lo que necesitan. A medida que los estudiantes toman decisiones y trabajan para lograr objetivos firmes, los educadores deben utilizar evaluaciones formativas frecuentes para determinar si los estudiantes están tomando decisiones responsables que los lleven a un aprendizaje accesible y atractivo y a resultados positivos. Cuando la evidencia sugiere que los estudiantes aún no están allí, los profesores deben ser receptivos y crear grupos flexibles de estudiantes para brindar intervención específica, aceleración, apoyo y enriquecimiento. Durante mucho tiempo vi al DUA y a la ID compitiendo entre sí, como si tuviera que elegir uno. Pero ahora, sabiendo más sobre la aceleración y el aprendizaje combinado, veo que deben usarse en conjunto a medida que apoyamos a los estudiantes en su viaje para convertirse en aprendices expertos.

Demos un paso atrás por un minuto y hablemos sobre la importancia de la aceleración del aprendizaje, ya que las discusiones sobre la aceleración se han disparado como resultado de la interrupción que causó COVID-19 en todo el mundo. Todos sabemos que muchos estudiantes tienen habilidades académicas, sociales, emocionales y conductuales rezagadas. En muchos casos, las herramientas universales de detección resaltan una mayor brecha entre las expectativas del nivel de grado y el desempeño de los estudiantes. Imagine, por un momento, que enseña en octavo grado y tiene un estudiante que está leyendo a un nivel más alineado con el quinto grado. Si cada profesor hace su trabajo al diferenciar bien entre el DUA y la instrucción diferenciada, ese estudiante logrará un año de crecimiento cada año, pero nunca alcanzará las expectativas del nivel.

Como resultado, este estudiante necesita hacer más de un año de crecimiento cada año. De eso se trata la aceleración del aprendizaje.

El National Center for Learning Disabilities [Centro Nacional para las Discapacidades del Aprendizaje] (2021) publicó un informe de investigación que examina los enfoques basados en la evidencia para acelerar el aprendizaje. En este resumen, hacen un gran trabajo al discutir la importancia del DUA y los sistemas robustos de varios niveles. Tienen los siguientes consejos:

- ⤸ Agilice el plan de estudios mientras se enfoca en los estándares del nivel que se conecten con el enfoque de los objetivos firmes del DUA.

- Dedique tiempo adicional para integrar las habilidades previas necesarias.

- Personalice la instrucción en función de los puntos fuertes y las áreas de crecimiento de cada estudiante.

- Aproveche los intereses de los estudiantes que conducen a un aprendizaje profundo y atractivo.

- Use el DUA, modalidades múltiples e instrucción en grupos pequeños.

Las conexiones con el DUA son explícitas, pero la ID es necesaria en algunas áreas, específicamente cuando observa que algunos estudiantes necesitan tiempo adicional para integrar las habilidades de requisitos previos y cuando utiliza la instrucción en grupos pequeños. En las aulas inclusivas, los educadores utilizan los comentarios de las evaluaciones formativas para crear grupos de estudiantes. Después de revisar los resultados de las evaluaciones de diseño universal, a menudo encontrará tres categorías de estudiantes (McGlynn y Kelly, 2017):

- Estudiantes que han dominado por completo el contenido o la habilidad y están listos para seguir adelante o acceder a desafíos adicionales

- Estudiantes que tienen una comprensión básica del contenido y/o la habilidad

- Estudiantes que aún no tienen una comprensión del contenido y/o la habilidad

En un aula de diseño universal, estos estudiantes tenían acceso a objetivos firmes y medios flexibles, pero sus resultados no son los mismos. Para acelerar el aprendizaje, los docentes deben crear pequeños grupos de estudiantes para brindar instrucción o apoyo adicional. Aquí es donde entra la instrucción diferenciada. Carol Ann Tomlinson señala la importancia de agrupar y reagrupar de manera flexible en lugar de pegar etiquetas a los estudiantes y crear grupos homogéneos dentro de la clase. Como ha dicho Tomlinson:

> En las aulas efectivamente diferenciadas, entonces, los docentes agruparían a los estudiantes de manera flexible, a veces en función de las necesidades de preparación, a veces de los intereses, a veces del enfoque del aprendizaje, a veces de manera heterogénea, a veces homogénea, a veces por elección del profesor, a veces por elección de un estudiante, a veces al azar. Esa variedad de agrupaciones mejora tanto la enseñanza como el aprendizaje. (Wu, 2013, p. 128)

Cuando se usan juntos, el DUA y la ID crean aulas inclusivas y receptivas que se ven muy diferentes de las aulas de diseño más tradicional.

Cuando se usan juntos, el DUA y la ID crean aulas inclusivas y receptivas que se ven muy diferentes de las aulas de diseño más tradicional.

Hagamos una breve lección de historia sobre cómo llegamos a donde estamos hoy. Como mucha gente sabe, la educación tradicional a menudo se diseñó para el estudiante "promedio", un testaferro estadístico y mítico. Aquellos que aterrizaron en algún lugar en el rango del promedio podrían estar bien; los de los márgenes, no tanto. Los profesores eran expertos en la materia, no expertos en aprendizaje, y el rigor del contenido reinaba. Durante mucho tiempo, la educación tradicional funcionó porque los estudiantes en los márgenes fueron educados en ambientes separados. Si reflexiona sobre Psicología 101 en la universidad, puede recordar la curva de campana (Figura 3-1).

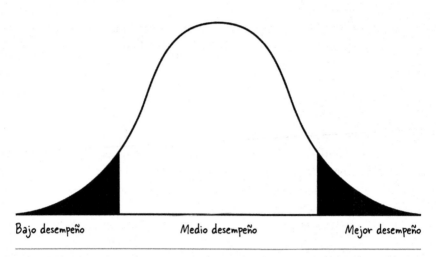

Figura 3-1: Curva de campana tradicional

Antes de la inclusión, los estudiantes en los márgenes (es decir, "bajo desempeño" y "mejor desempeño") a menudo no fueron educados con sus compañeros. Debido a que había menos variabilidad en el salón de clases, los profesores podían impartir una lección tal como fue diseñada y la mayoría de los estudiantes la "captaban". Por supuesto, es posible que se hayan aburrido hasta la médula, pero cumplieron, por lo que prevaleció la educación tradicional.

Finalmente, después de años de educación segregada para estudiantes en los márgenes, la nación adoptó el concepto de colocaciones y prácticas inclusivas, lo que fue un gran paso en la dirección correcta. Con todos los alumnos en el aula, los profesores pronto se dieron cuenta de que la educación tradicional no era accesible o no representaba ningún desafío para algunos alumnos. En este modelo, los profesores miraban a estudiantes individuales y proporcionaban puntos de entrada, tareas de aprendizaje y resultados que permitían a esos estudiantes acceder al currículo (Walther-Thomas y Brownell, 2001). En este modelo, los profesores crearon diferentes niveles de expectativas para los estudiantes para que pudieran tener éxito. La limitación de este modelo, cuando se usa solo, es que todos los estudiantes no tienen acceso a las mismas oportunidades de aprender ni tienen la oportunidad de aceptar su propia variabilidad y comprender cómo aprenden mejor, dado un contexto específico. En un salón de clases donde la ID es el único modelo de instrucción, se pueden hacer elecciones para los estudiantes y determinadas por el profesor, sin brindarles a los estudiantes la oportunidad de establecer sus propias metas, crear sus propias estrategias y elegir las experiencias de aprendizaje que mejor satisfagan sus necesidades. En resumen, la ID acepta la variabilidad interpersonal, pero es posible que no brinde a todos los estudiantes un acceso equitativo a los objetivos firmes y que no brinde oportunidades para que los estudiantes se conviertan en estudiantes expertos al mismo nivel que el DUA. El DUA tiene un mayor enfoque en desarrollar la función ejecutiva y la autorregulación de los estudiantes e involucrarlos a lo largo del proceso de aprendizaje.

El DUA diseña proactivamente la flexibilidad en objetivos, métodos, materiales y evaluaciones al aceptar la variabilidad y predecir las barreras, y luego al eliminar esas barreras a través del diseño. Luego, los datos de la evaluación formativa se utilizan para agrupar y reagrupar de manera flexible a los estudiantes para brindar instrucción en grupos pequeños y retroalimentación orientada al dominio. Al predecir la variabilidad, los educadores pueden diseñar oportunidades sólidas para que todos los estudiantes accedan al rigor del nivel con el DUA. Cuando la evidencia sugiere que los estudiantes necesitan apoyo, intervención o enriquecimiento adicional, los profesores pueden diferenciar la instrucción para complementar, no suplantar, las experiencias de aprendizaje universalmente diseñadas.

Muchos educadores que escuchan sobre el DUA por primera vez ya están familiarizados con la ID. Si ese es usted, no sienta que tiene que empezar de nuevo. Si ya está familiarizado con la ID, está en un gran lugar porque ya está enseñando en un entorno inclusivo y está pensando en cómo brindar múltiples niveles de apoyo y desafío a sus estudiantes. Está en camino del DUA y todo el trabajo que ha hecho para aprender sobre la ID es una base importante para este próximo paso.

La Ley Cada Estudiante Triunfa (ESSA, por sus siglas en inglés) exige sistemas de apoyo escalonados para satisfacer las necesidades de todos los estudiantes. Históricamente, los sistemas escalonados a menudo se denominaban *modelos RTI (respuesta a la intervención)*, pero estos modelos eran limitados y su enfoque estaba en aumentar el rendimiento de los estudiantes sin brindar apoyo a los educadores o construir un sistema más equitativo e inclusivo. Como resultado, no hay mención de RTI en la ley. En su lugar, la ley exige *sistemas de apoyo de varios niveles (SAVN)*, definidos como "un continuo integral de prácticas sistémicas basadas en evidencia para respaldar una respuesta rápida a las necesidades de los estudiantes, con observación regular para facilitar la toma de decisiones educativas basada en datos". Tanto el DUA como la ID son marcos críticos cuando se satisfacen las necesidades de los estudiantes en los SAVN.

Los SAVN combinan las prácticas escalonadas de RTI y el valor de las comunidades profesionales de aprendizaje (CPA) en un sistema que se enfoca en mejorar los resultados de todos los estudiantes a través de la mejora escolar, el desarrollo profesional y la colaboración entre educadores (Dulaney et al., 2013). Mientras que los sistemas de RTI se construyeron sobre una base de toma de decisiones basada en datos, los sistemas de varios niveles mejoran el triángulo unidimensional al incorporar seis componentes fundamentales: resolución de problemas, toma de decisiones basada en datos, estrategias de instrucción, gestión del aula, diseño curricular y desarrollo profesional (Dulaney et al., 2013). Este sistema unificado garantiza que los educadores puedan responder rápidamente a las necesidades de los estudiantes mientras obtienen el apoyo que necesitan profesionalmente.

En los SAVN, todos los estudiantes tienen acceso equitativo a la instrucción de Nivel 1 y reciben instrucción de alta calidad con base científica que es apropiadamente desafiante, culturalmente sustentadora, lingüísticamente apropiada e informada sobre los traumas. Las herramientas universales de detección ayudan a identificar a los estudiantes con dificultades que necesitan apoyo adicional. Los estudiantes que no están progresando en el Nivel 1 reciben instrucción adicional en el Nivel 2 en entornos de grupos pequeños. El Nivel 2 está destinado a proporcionar un sistema de apoyo limitado, pero específico, para los estudiantes que luchan por cumplir con los estándares de rendimiento del nivel para que puedan tener éxito en el Nivel 1. En comparación con el Nivel 2, el Nivel 3 es más explícito, se enfoca en la remediación de habilidades, se brinda durante un período de tiempo más prolongado y ocurre en grupos más pequeños.

Para aclarar estas expectativas de la ESSA para los SAVN, permítame presentar una analogía. Imagine el antiguo RTI como un muñeco de nieve: tres niveles de gloria congelada sentados en medio de nuestro patio trasero cubierto de nieve (vea la Figura 3-2). Si queremos que nuestro muñeco de nieve sobreviva y siga siendo el mismo helado, debemos asegurarnos de que el entorno que lo rodea le permita prosperar. ¿Recuerdas lo que le pasó al pobre Frosty cuando entró en el invernadero para salvar a Karen? Eso es lo que le puede pasar a un modelo RTI cuando no hay un sistema que lo soporte. Piense en una cultura de resolución de problemas, toma de decisiones basada en datos, currículo y estrategias de instrucción diseñados universalmente, gestión del aula, motivación familiar y comunitaria y desarrollo profesional como componentes del clima bajo cero en el ártico. Si faltan esos factores ambientales, le resultará muy difícil mantener congelado a Frosty. Si no tiene un sistema de varios niveles, es difícil admitir su modelo RTI.

Figura 3-2: La RTI necesita el apoyo adecuado para mantenerse en pie.

Si observamos el sistema de varios niveles a través de la lente del DUA (Figura 3-3), podemos ver cómo es posible que todos los profesores diseñen "un continuo integral de prácticas sistémicas basadas en evidencia para respaldar una respuesta rápida a necesidades de los estudiantes, con observación regular para facilitar la toma de decisiones de instrucción basada en datos" (Departamento de Educación Primaria y Secundaria de Massachusetts, 2022). El proceso de diseño se facilita a través del DUA, y cuando los datos sugieren que los estudiantes necesitan apoyo adicional, los profesores pueden usar la ID para enfocar la instrucción en grupos pequeños. Lo mejor de ambos marcos.

Todos los estudiantes necesitan oportunidades para acceder a la instrucción propia del nivel y tomar decisiones sobre su aprendizaje. Los educadores en los SAVN deben ser proactivos y receptivos para acelerar el aprendizaje de los estudiantes.

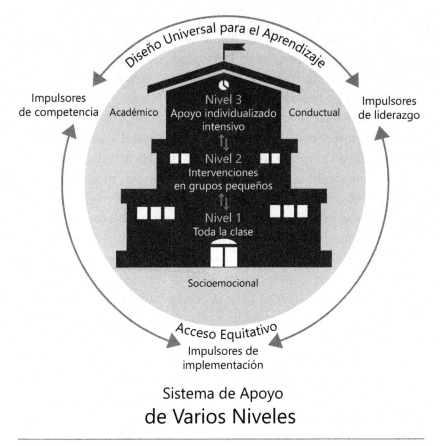

Figura 3-3: SAVN a través de la lente del DUA

No puedo enfatizar lo suficiente la importancia de la instrucción suplementaria en grupos pequeños. Como siempre me gusta decir, "Nunca intervendrá para salir del débil Nivel 1". Así que ni lo intente. Todos los estudiantes necesitan oportunidades para acceder a la instrucción propia del nivel y tomar decisiones sobre su aprendizaje. Los educadores en los SAVN deben ser proactivos y receptivos para acelerar el aprendizaje de los estudiantes.

Sé que las aulas inclusivas no siempre ganan concursos de popularidad y quiero abordar ese tema de frente. Demasiados individuos y escuelas apoyan estructuras opresivas y capacitistas donde el acceso a cursos avanzados es un privilegio que los estudiantes tienen que ganar. Demasiadas organizaciones tienen como zanahoria la instrucción rigurosa y atractiva. El acceso a estos cursos es transaccional, como en "Puedes acceder a estas oportunidades si te desempeñas por encima del nivel, hablas inglés, te comportas...". Esto necesita ser dicho. La enseñanza y el aprendizaje no son transaccionales. Todos los estudiantes merecen oportunidades para acceder a la instrucción propia del nivel y convertirse en aprendices expertos, y esto no es posible cuando continuamos evaluando a los estudiantes en diferentes niveles basados en modelos anticuados de éxito escolar.

Con demasiada frecuencia, las escuelas y los distritos discuten la importancia de la práctica inclusiva y las oportunidades equitativas para aprender y apoyar las estructuras que impiden que todos los estudiantes aprendan a niveles altos y accedan a cursos avanzados. Una de estas estructuras es la nivelación o el seguimiento de los alumnos.

La *desnivelación* (o detracción o decrecimiento) es el proceso de evitar conscientemente colocar a los estudiantes con diferentes necesidades en diferentes "niveles" de cursos. La intención es mantener a todos los estudiantes, independientemente de sus fortalezas, necesidades e identidad, en cursos juntos. Estas clases inclusivas tienen las mismas altas expectativas para todos los alumnos. Para dar cuenta de la variabilidad dentro de la clase, los estudiantes reciben apoyos y/o desafíos adicionales si los necesitan a través del DUA e instrucción diferenciada.

A menudo, cuando los educadores, las familias o las comunidades están en contra de la colocación inclusiva o la desnivelación, abogan por que sus estudiantes obtengan lo que necesitan. Esto se basa en un sistema tradicional que es de talla única y no funciona para todos. Estoy de acuerdo en que los estudiantes no deben aburrirse en nuestras aulas, ni abrumarse, ni impedir que alcancen su máximo potencial como estudiantes. Cuando aceptamos el DUA, sin embargo, todos los estudiantes pueden trabajar o superar las expectativas propias del nivel mientras desarrollan habilidades críticas en autoconciencia, autogestión y pensamiento flexible, todo sin nivelación.

Las aulas equitativas son aulas donde el estudiantado, en toda su hermosa variabilidad, está representado. En estas aulas, todos los estudiantes están seguros y son bienvenidos y el progreso académico no solo es posible sino probable. El desnivel adopta la variabilidad de los estudiantes, promueve la equidad y la inclusión, y ayuda a los estudiantes a desarrollar competencias de aprendizaje más profundas.

Nuestros estudiantes tienen fortalezas, necesidades e intereses únicos, los cuales cambian según el contexto. En muchas escuelas y distritos donde se implementa la nivelación o el seguimiento, los estudiantes se seleccionan en función de alguna habilidad predeterminada, puntaje de prueba o ubicación en el grado, y se les ofrecen programas "avanzados", "extendidos" y "de honor". Otras escuelas crean programas para "superdotados" y ofrecen programas avanzados para ellos. Este sistema ha creado un campo de juego muy desigual. Cuando se nivela a los estudiantes, se crea un sistema en el que se espera que los estudiantes se desempeñen hasta cierto nivel. No se espera que todos los estudiantes logren altos estándares y, por lo tanto, no se espera que alcancen más allá de su nivel asignado. Además, en estas aulas, los estudiantes no tienen que ser autónomos, ya que los profesores brindan el nivel de desafío elegido, lo que a menudo crea estudiantes dependientes que presentan dificultades por trabajar y sobresalir de manera independiente, habilidades críticas para el éxito futuro.

No me malinterprete: algunos estudiantes necesitan apoyo y desafíos adicionales. De ninguna manera estoy abogando por la eliminación de la programación de educación especial o la programación avanzada. Más bien, crear un programa de educación especial o para superdotados, o un lugar, donde un puñado de estudiantes recibe una experiencia única para todos no es inclusivo ni equitativo. La nivelación crea un sistema de segregación en el que los estudiantes se agrupan en ciertos niveles y elimina la oportunidad de que todos los estudiantes aprendan juntos. Desnivelar crea un entorno inclusivo, creando un espacio seguro para que todos los estudiantes prosperen.

La creación de sistemas inclusivos y la desnivelación no funcionarán si no existen impulsores críticos. Poner estos impulsores críticos en su lugar a través de los SAVN lleva tiempo. Crear un sistema más equitativo e inclusivo implica un desaprendizaje y un cambio de mentalidad por parte de estudiantes, docentes, administradores y padres. Implica implementar los principios del DUA y crear un SAVN fuerte a través de la planificación estratégica. No sucederá de la noche a la mañana, pero si la visión se centra en la diversidad, la equidad y la inclusión, cada estudiante debería tener el privilegio de acceder a cursos avanzados con sus compañeros. El objetivo final es crear un entorno en el que todos los estudiantes puedan sentirse incluidos y se les brinden los medios y la oportunidad de alcanzar su máximo potencial en las aulas, juntos.

El concepto de ofrecer las mismas expectativas de alto nivel a todos los estudiantes es un proceso e implica que todos participen. Los docentes tendrán que ser apoyados de manera diferente y se les darán diferentes oportunidades de desarrollo profesional. Necesitarán tiempo para trabajar y planificar juntos. Pero este trabajo es posible, y aplaudo a los profesores y departamentos que están dispuestos a apoyarse en este trabajo, a pesar del rechazo, porque este trabajo está centrado en el estudiante, es impulsado por el estudiante y adopta una educación equitativa que, como compartí en el Capítulo 2, requiere lo siguiente:

- ◌ Acceso equitativo a aulas inclusivas con compañeros del mismo nivel de grado

- ◌ Oportunidades equitativas para aprender alineadas con los estándares del nivel de grado

- ◗ Expectativas equitativas de que los estudiantes pueden tener éxito cuando se les brinda el apoyo adecuado

- ◗ Sentimientos equitativos de pertenencia y esperanza (Chardin y Novak, 2020)

Volvamos a nuestros dos líderes del comienzo del capítulo, la Sra. Microgestión y Sr. Autónomo, y coloquémoslos frente al salón de clases. La Sra. Microgestión toma decisiones por sus alumnos en función de sus habilidades. Incluso si sus decisiones están basadas en evidencia y son apropiadas, falta un aspecto crítico del DUA. Los estudiantes nunca tienen la oportunidad de establecer metas para su aprendizaje, y no se les da la oportunidad de perfeccionar su función ejecutiva y sus estrategias de autorregulación. Estos son importantes si queremos que todos nuestros estudiantes tengan éxito en cualquier camino que elijan.

El Sr. Autónomo crea oportunidades para los estudiantes que reflejan varios niveles de desafío y proporciona a los estudiantes apoyos y andamios como ejemplos de trabajo, rúbricas y organizadores gráficos. La diferencia clave es que el Sr. Autónomo brinda a los estudiantes el control de su propio aprendizaje mientras los apoya con retroalimentación orientada al dominio. Los estudiantes no solo están aprendiendo contenido importante, sino que están aprendiendo cómo ser aprendices, lo cual es una lección que llevarán consigo para siempre. El Sr. Autónomo puede entonces reflexionar sobre las evaluaciones formativas y brindar a los estudiantes un apoyo específico basado en los resultados de la evaluación formativa. Lo dejo con esta pregunta: ¿Para quién están dispuestos a trabajar más duro los estudiantes?

Resumen

Para satisfacer las necesidades de todos los alumnos y acelerar los resultados del aprendizaje, es fundamental que los instructores aborden la planificación a través de la lente del Diseño Universal para el Aprendizaje (DUA), que crea opciones y alternativas para que los alumnos desarrollen competencias socioemocionales críticas y perfeccionen sus habilidades de autogestión. Estos son importantes si queremos que todos nuestros estudiantes tengan éxito en cualquier camino que elijan. Una vez que los estudiantes comparten su aprendizaje en evaluaciones formativas flexibles, los profesores pueden usar los datos para crear grupos flexibles de estudiantes y proporcionar instrucción en grupos pequeños dirigida a las necesidades de los estudiantes utilizando las mejores prácticas en la instrucción diferenciada (ID).

Preguntas para la reflexión

1. Piense en todos los profesores, entrenadores y jefes que ha tenido en su vida. ¿Cuál es el más recordado? Reflexione sobre cómo esa persona pudo motivarlo. ¿Cuáles son algunas de las estrategias que utilizó? Puntos de bonificación si puede conectar esas estrategias con los componentes centrales del DUA.

2. Aunque el DUA y la ID comparten similitudes, existen diferencias entre los dos marcos. Imagine a alguien diciendo: "A mí me suenan igual. ¿En qué se diferencian?" Practique su respuesta.

3. ¿Cómo usa actualmente el agrupamiento y la reagrupación en su salón de clases para garantizar que todos los estudiantes tengan acceso tanto al DUA como a la instrucción específica?

4

Reclutar e involucrar a los aprendices como aliados del DUA

OBJETIVO FIRME: Aprenderá cómo comunicar el concepto general del DUA a los alumnos para que puedan ayudarlo activamente a codiseñar su entorno de aprendizaje inclusivo.

FUNDAMENTOS: Este capítulo brinda consejos sobre cómo explicar el DUA a los estudiantes y cómo reclutarlos para que formen parte de la comunidad de su salón de clases. La comprensión del DUA por parte de los estudiantes aumenta su compromiso y le ahorrará mucho tiempo al planificar sus lecciones y configurar su entorno de aprendizaje.

Nuestros estudiantes, independientemente de la variabilidad, son individuos profundamente astutos. A veces puede sentir que sus clases tan bien planificadas son entregadas a pequeñas estatuas adorables, pero sus alumnos siempre notarán si cambia el color de su sombra de ojos, se compra una corbata nueva o usa los mismos pantalones dos días seguidos. Los niños captan más de lo que nos damos cuenta. ¿No lo cree? Pruebe esto: deje que los estudiantes lo imiten el último día de clases. Nada dice mejor "Yo presto atención en clases" que una imitación inquietantemente precisa de usted llevándose el pelo detrás de la oreja o barajando papeles mientras habla. (Nota: Esto no es para los débiles de corazón). Cuando enseñé en el séptimo grado, tuvimos una imitación de Novak el último día de clases. Aparentemente, muevo mucho mis manos cuando hablo. Cada imitación parecía un video aeróbico de los años 80 con dedos espirituales con el instructor balanceándose sobre tacones de cuatro pulgadas.

Los estudiantes también pueden estar prestando atención a sus mensajes no deseados, o su plan de estudios oculto, en lugar de a su clase real. Lo aterrador es que los elementos ocultos en nuestro entorno de aprendizaje pueden limitar el éxito de los estudiantes más que las barreras en el currículo mismo (Anyon, 1980). Los libros que distribuimos, las evaluaciones que asignamos, la forma en que organizamos nuestros salones y la forma en que interactuamos con nuestros estudiantes comunican mensajes poderosos. El plan de estudios expresado, los materiales de aprendizaje reales de alta calidad, pueden parecer rigurosos, pero la forma en que los presentamos a los estudiantes les permite conocer nuestras expectativas para ellos.

Este concepto puede ser un poco confuso, así que aquí hay una analogía para hacerlo más concreto. Como adultos, captamos subtextos todo el tiempo. Imagine que usted le dice a un amigo que quiere una freidora de aire. La próxima vez que ese amigo le da un regalo, es, lo adivinó, la freidora de aire exacta que quería. Este regalo es más que un electrodoméstico de cocina ordinario. Hay un mensaje que lo acompaña: "Te escucho. Me preocupo por tus intereses. Te apoyo."

Hace tres décadas, Jean Anyon (1980) descubrió que las escuelas que atienden principalmente a poblaciones de bajo nivel socioeconómico no ofrecían a los estudiantes oportunidades para la toma de decisiones. Se esperaba que los estudiantes siguieran las instrucciones y las cumplieran. En muchas observaciones, los profesores no explicaron la importancia o el significado del currículo. Sobre todo, los profesores insistieron en seguir los procedimientos. En estos escenarios, Anyon imaginó los mensajes que escuchan los estudiantes: "No confío en ustedes para tomar decisiones. No los valoro lo suficiente como para compartir la razón detrás de mi plan de estudios. No quiero escuchar su voz."

Si ofrecemos a los estudiantes un plan de estudios de recuperación o dirigimos un salón de clases que permite un mínimo de libertad, inconscientemente estamos preparando a nuestros estudiantes para apuntar bajo. Cuando a los estudiantes no se les da libertad de elección o no se les enseñan habilidades de pensamiento crítico, es menos probable que desarrollen las herramientas que necesitan para cumplir con sus aspiraciones profesionales más adelante en la vida, ya sea en las profesiones o en los oficios o en algún otro camino de su elección. Eso no es lo que queremos para nuestros hijos. Proporcionar opciones para nuestros alumnos nos ayuda a crear conjuntamente un entorno de aprendizaje que garantice que no comunicaremos este tipo de mensajes ocultos a nuestros alumnos. Cuando ponemos la barra alta y entregamos a los estudiantes opciones para alcanzarla, les enviamos el mensaje de que esperamos grandes cosas de ellos y creemos en ellos. Enseñar a los estudiantes sobre el DUA y la belleza de la variabilidad los alienta a tomar decisiones y pensar críticamente y, sobre todo, les envía un mensaje importante de que valoramos su aporte. Cuando diseñe clases, sea consciente de las elecciones que haga y piense en los mensajes no deseados que los estudiantes pueden escuchar.

Presentar el DUA y la variabilidad es una excelente actividad para comenzar el año, pero se puede hacer en cualquier momento que esté listo para que sus estudiantes participen. Una excelente manera de comenzar es sumergir a los estudiantes en una lección antes del DUA y luego después del DUA y hacer que comparen y contrasten sus experiencias. Para planificar las lecciones del DUA antes y después, puede ser útil seguir algunos pasos. Piense en ellos como su receta para una gran experiencia de aprendizaje. Si quiere planificar la lección a su manera, ¡hágalo! Lo que sigue es solo un marco que puede elegir seguir o consultar al planificar.

Lección: La clase antes y después del DUA

1. Elija una actividad que normalmente les daría a los estudiantes que sea un festival del bostezo (¡ya sabe cuál!). Por ejemplo, al comienzo del año escolar, los profesores de primaria a menudo revisan las rutinas de clase o el horario de clases, mientras que los profesores de secundaria y los profesores universitarios presentan a los estudiantes un plan de estudios o una descripción general del curso. Estas actividades de comienzo de año son geniales para animarlas con un poco de sabor a DUA. Solo para aclarar, los siguientes pasos asumen que está enseñando a los estudiantes sobre las rutinas del aula, los valores fundamentales, el sistema de gestión del aula o el plan de estudios del curso (todos se denominarán "rutinas"), pero si elige enseñar otra lección, aún puede seguir el mismo proceso.

2. Haga la copia más inaccesible de las rutinas que le sea posible. (Algunos de ustedes pueden encontrar que no tienen que trabajar mucho para que sea aburrido. ¡Eso está bien! Todo es parte del proceso). Si tiene una presentación con diapositivas, no la muestre. Retire cualquier imagen del papel. Haga copias con texto plano en fuente de 12 puntos. Piense en un salón de clases en la década de 1950 antes de la tecnología de cualquier tipo. Otra opción es tener solo una copia para leer a la clase mientras escuchan en silencio o toman notas. Quiere crear una experiencia que sea de talla única. No se preocupe, no enseñará toda la lección, ya que definitivamente excluirá a algunos alumnos.

3. Al comienzo de la clase, distribuya las rutinas impresas y pida a los estudiantes que lean en silencio, o comience a leer las rutinas en su mejor tono plano. Aspire a sonar como el profesor del programa de *Charlie Brown*. Dígales a los estudiantes que cuando terminen la tarea, completarán una prueba de opción múltiple. Solo espere un minuto y absorba las reacciones de los estudiantes. Si es el comienzo del año, la mayoría de los estudiantes, si no todos, cumplirán. Glaseados como donas, pero cumplidores.

4. Una vez que los estudiantes estén "absortos" en el texto impreso, pregúnteles cómo se sienten y si se sienten comprometidos y desafiados. Comunique a los estudiantes que está bien si están aburridos, abrumados o confundidos por la lectura. En este punto, anime a los estudiantes a compartir sus pensamientos de una de las siguientes maneras. Ofrecer a los estudiantes la opción ya sea para realizar trabajo colaborativo en parejas, hacer una descarga de cerebros en una papeleta grande donde escriben o dibujan sus reacciones, u organizar una discusión de pecera donde mueven las sillas en un círculo interior y un círculo exterior. Los estudiantes del círculo interior discuten cómo se sintieron sobre la clase mientras el círculo exterior escucha. Otra opción es utilizar un protocolo de "citas rápidas" en el que el círculo interior permanece quieto mientras el círculo exterior rota cada uno o dos minutos para discutir el contenido.

Después de que los alumnos hayan tenido un momento para reflexionar, explique que la lección anterior fue un ejemplo de una lección inaccesible. Pídales que hagan una lluvia de ideas sobre otras formas en las que podrían haber aprendido sobre las rutinas del salón de clases y luego compartan la versión posterior incorporando algunas de sus ideas.

Mientras planifica sus experiencias de aprendizaje DUA, la siguiente lista puede ayudarlo a enmarcar sus ideas. (Observe la prevalencia de las preguntas *qué, por qué* y *cómo*: ¡los tres principios del DUA!)

- Comience con objetivos firmes. Específicamente, ¿por qué está enseñando esta clase?

- Comparta una razón con los estudiantes.

- ¿Cómo puede evaluar si los estudiantes han cumplido o excedido el estándar de una manera que sea significativa para ellos? Para preguntar de otra manera, ¿cómo aplicarán sus nuevos conocimientos de manera auténtica y valiosa? Cuando comienza una clase considerando el resultado, o "evidencia aceptable" (me encanta este lenguaje del marco de la Comprensión por Diseño [Wiggins y McTighe, 1998]), lo ayudará a planificar opciones de acción y expresión.

- Después de compartir el objetivo firme y las opciones de evaluación, pida a los estudiantes que establezcan una meta sobre cómo persistirán cuando el aprendizaje se vuelva difícil o simplemente no quieran hacerlo. Cuando les pide que establezcan una meta y creen una estrategia para la persistencia, ayude a los estudiantes a desarrollar la autoconciencia y la función ejecutiva. Me gusta decirles a los alumnos: "Hay tantas cosas que necesito hacer que en realidad no quiero hacer nada, pero puedo hacer cosas para que la experiencia sea un poco mejor, como tomar descansos frecuentes y levantarme de mi asiento para estirarme. ¿Qué hacen todos ustedes cuando están en la misma situación?". Normalice que el aburrimiento y la frustración son parte del hermoso ramo de emociones que experimentamos a lo largo del día.

- A continuación, ¿qué necesitan saber los estudiantes para lograr la meta? ¿Puede proporcionarles opciones para aprender el contenido o las habilidades?

- Mientras trabajan para aprender y aplicar el contenido, ¿cómo monitorearán su progreso? ¿Puede proporcionar una rúbrica, una lista de verificación o un ejemplo? Además, considere la frecuencia con la que usted y los compañeros estudiantes proporcionarán retroalimentación orientada al dominio para que nadie se desvíe demasiado del camino.

- Una vez completada la lección, ¿cómo recopilará los comentarios de los estudiantes para fomentar la reflexión y mejorar la planificación de futuras lecciones?

Al ver estas consideraciones, puede notar que las prácticas de diseño de lecciones son opuestas a la forma en que le enseñaron. Cuando comencé a enseñar, comencé a diseñar lecciones enfocándome en *qué*. Identificaría el capítulo del texto, la novela o la lección que quería enseñar y luego pensaría en cómo los estudiantes demostrarían su aprendizaje. Finalmente, consideraría por qué fue importante. Lo tenía todo al revés.

Volvamos a la lección de rutinas de clase. Muchos profesores comenzarían esta lección con el *qué*. Si bien es importante compartir cuáles son las expectativas de su sala de clases, es fundamental que los estudiantes entiendan *por qué* es importante tener expectativas en la sala en primer lugar. Por ejemplo, puede pedirles a los alumnos que consideren la importancia de las rutinas o las expectativas en general.

Para optimizar el valor y la autenticidad y activar el conocimiento previo, pida a los estudiantes que consideren por qué diferentes situaciones en la vida requieren diferentes rutinas y reglas. Deje que los estudiantes trabajen solos o con un compañero y elijan una de las siguientes situaciones, o creen una propia, y enumeren todas las reglas y rutinas "tácitas" que están asociadas con el lugar o evento y por qué son tan importantes. Claramente, dependiendo de la edad de sus alumnos, algunas de estas opciones no serán relevantes.

- En una aplicación de redes sociales
- En un evento deportivo
- En un restaurante elegante
- Mientras conduce
- En un cine
- Mientras juega en el patio de recreo

Para fomentar la colaboración y la comunidad, y desarrollar la reflexión, anime a los estudiantes a compartir sus ideas sobre por qué las reglas, las rutinas y las expectativas son importantes para ellos y para la sociedad en general. Tal vez pídales que consideren cómo sería el mundo si las personas no siguieran las reglas.

Después de que los estudiantes entiendan por qué las reglas y las rutinas son importantes, querrá considerar cómo evaluará si entienden la importancia de las normas y expectativas del salón de clases. Además, después de la clase, ¿cómo evaluará si los estudiantes comprenden sus expectativas en el aula? Incluya las siguientes ideas en un tablero de elección (vea la página siguiente) para estimular la inspiración.

En este punto, puede compartir sus expectativas, normas o valores fundamentales con los estudiantes para obtener sus comentarios. Es fundamental que los estudiantes tengan oportunidades de contribuir a las normas y expectativas del salón de clases. Es perfectamente razonable que tenga rutinas para empezar, pero pedirles a los estudiantes que reflexionen sobre las rutinas, compartan su retroalimentación y ofrezcan revisiones ayudará a crear más aceptación. Cuando entro a una reunión y alguien me entrega normas que yo no ayudé a crear, a veces siento que el grupo no me conoce. Por ejemplo, recientemente me reuní con un grupo que compartió que, en futuras reuniones, todos necesitábamos llegar 5 minutos antes. Por mucho que valore llegar a tiempo, a veces no puedo unirme temprano a las reuniones. En mi calendario, puedo tener una reunión de 9 a 10 a. m. y de 10 a 11 a. m. Definitivamente llegaré a tiempo, pero 5 minutos antes no es razonable para reuniones que ya tengo en mi calendario. Una vez que tuve la oportunidad de expresar esta preocupación, cambiamos colectivamente la norma a la importancia de llegar a tiempo o enviar mensajes de texto al facilitador si existen circunstancias atenuantes.

Escribe un poema o una canción pegadiza sobre la importancia de respetar las normas del salón de clases (¡puedes cantarla en el momento de la presentación!)	Escribe sobre la importancia de las normas del salón de clases y por qué será importante que todos las sigamos.	Crea un volante, infografía o folleto para dar a los estudiantes sobre la importancia de las normas del salón de clases.
Crea un video o podcast donde compartes la importancia de las normas de la sala de clases	Imagina que estás diseñando un sitio de redes sociales sobre cuáles deberían ser las normas del aula. Haz al menos cinco publicaciones que comparten la importancia de crearlas y respetarlas.	¿Tienes una mejor manera de compartir por qué las normas del aula son importantes? ¡Propón una idea divertida y creativa!

Asegúrese de que los estudiantes tengan para reflexionar, contribuir y brindar retroalimentación sobre las rutinas del salón de clases. Si sus alumnos son mayores, es posible que desee utilizar o adaptar el protocolo de las 4 A, diseñado por la National School Reform Faculty [Facultad de Reforma Escolar Nacional] (adaptado de Gray, 2005). En este protocolo, después de que los estudiantes reflexionen sobre un artefacto o texto, responden a las siguientes preguntas:

- ¿Qué supuestos sostiene el autor del texto?
- ¿Con qué estás de acuerdo en el texto?
- ¿Qué quieres discutir sobre el texto?
- ¿A qué partes del texto deseas aspirar (o actuar)?

Puede crear un tablero de elección para que los alumnos elijan cómo responderán a las indicaciones como las que se presentan aquí, que están inspiradas en mi coautora de *UDL and Blended Learning* [DUA y el aprendizaje combinado] (2021), Catlin Tucker.

Redacta un escrito.	Produce un podcast.	Produce un video o una historia digital.
Crea arte visual (p. ej., escultura o modelo) e incluye una declaración del artista.	Crea una pieza multimedia utilizando palabras e imágenes (infografía, presentación multimedia).	**Tu elección** Diseña tu propia respuesta.

En *UDL and Blended Learning*, Catlin y yo discutimos cómo los tableros de elección pueden ser herramientas increíbles cuando son relevantes para la construcción. Para garantizar la alineación con los estándares, Cat y yo argumentamos que es importante hacerse dos preguntas al crear un tablero de elección.

1. ¿Qué es lo que todos los aprendices necesitan saber o ser capaces de hacer?

2. ¿Cómo sabremos tanto los estudiantes como yo que pueden hacerlo?

El nivel de opciones proporcionadas estará determinado por la primera pregunta, o el estándar. Lo importante a recordar es que, si bien el estándar o el objetivo es firme, los medios siempre deben permanecer flexibles al diseñar universalmente estas experiencias. Pero todas las opciones no son iguales.

En muchos tableros de elección, numerosas opciones y alternativas no están relacionadas con el estándar. Mi mejor consejo para esto es identificar el objetivo de aprendizaje en la parte superior del menú o tablero de elección. Mientras reflexiona sobre cada opción, pregúntese: "¿Esto nos permitiría a los estudiantes y a mí determinar dónde están en relación con la meta?". Si la respuesta es no, mándelo a la tumba.

También puede proporcionar opciones adicionales a medida que los estudiantes trabajan en el tablero de elección. Por ejemplo, puede brindarles oportunidades para que trabajen solos o con compañeros y creen raíces de oraciones y respuestas de ejemplo, y mientras los estudiantes trabajan, puede registrarse para hacer preguntas, dar retroalimentación y construir relaciones. Ahora que ha presentado a los estudiantes una lección anterior al DUA y posterior al DUA, puede compartir más sobre el marco de diseño que usó para la transición. Puede utilizar uno de los siguientes guiones para presentar el concepto a sus alumnos. Si elige leer el guion a la clase, tenga una copia impresa y una copia digital disponibles para que los estudiantes puedan tener acceso.

Guion para prekínder y primaria

Todos ustedes son diferentes y especiales a su manera. Por eso, todos aprenden de diferentes maneras. Para ayudarlos a aprender, les daré opciones para que puedan elegir las actividades que serán las mejores para ustedes. Cuando les dé opciones, no se preocupen por lo que elijan sus amigos porque todos sus cerebros son diferentes y necesitan cosas diferentes para mantenerse interesados y esforzarse al máximo. Voy a darles una opción ahora para que puedan ver lo diferente que son. Imaginen que vamos a hacer un proyecto de arte. ¿Preferirían colorear con crayones o marcadores, hacer algo con arcilla, pintar en un caballete o dibujar afuera en la acera? [Permita que los estudiantes compartan sus respuestas y/o formen grupos según sus preferencias]. Ahora, ¿no sería aburrido si nunca pudieran tomar alguna decisión? ¡Eso no sucederá porque voy a trabajar muy duro para darles opciones todos los días!

Guion para primaria

Este año tengo que enseñar ciertas cosas, algunas de las cuales serán realmente desafiantes para algunos de ustedes. Para asegurarme de que todos ustedes lo hagan realmente bien, voy a planificar lecciones que los ayudarán a todos a aprender. Por ejemplo, a algunos de ustedes les puede encantar leer libros, mientras que otros aprenden mejor cuando escuchan una historia. ¡Incluso puede cambiar la forma en que les gusta aprender día a día! Cada vez que planifique lecciones, usaré algo llamado Diseño Universal para el Aprendizaje. Cuando algo es universal, significa que todos en el mundo entero pueden usarlo. Voy a tratar de hacer que algunas de mis clases sean universales para que todos puedan mostrarme lo que han aprendido de diferentes maneras.

Guion para secundaria

Este año estoy obligado a enseñar una serie de estándares del plan de estudios. Para garantizar que cumplan y/o superen esos estándares, dedicaré mucho tiempo a diseñar el plan de estudios para brindarles la mejor oportunidad de tener éxito. Quiero que sepan que cuando entran en este salón de clases, he pasado mucho tiempo preparando y alineando mi plan de estudios con los principios del Diseño Universal para el Aprendizaje, o DUA para abreviar. El DUA explica el hecho de que todos ustedes son diferentes de muchas maneras. Dado que todos tienen diferentes intereses y aprenden de varias maneras, crearé lecciones que los mantendrán interesados. Me escucharán hacer muchas referencias al DUA a lo largo del año, así que quiero que sepan un poco al respecto desde el principio.

Enseñar a los estudiantes sobre el DUA

Después de modelar una clase de antes y después con el DUA, comparta con ellos los componentes centrales del DUA, así como los principios de diseño (múltiples formas de compromiso, de representación, de acción y expresión), para que comiencen a comprender el diseño curricular y cuánto esfuerzo conlleva su trabajo. Si se pregunta por qué esto es necesario, recuerde el estudio de Anyon sobre el currículo oculto. Los estudiantes se darán cuenta del hecho de que los está incluyendo en el proceso de aprendizaje, y esto les dice a los estudiantes más que su plan de estudios.

El poder de la variabilidad

Una vez que los estudiantes tengan una comprensión general del DUA y hayan reflexionado sobre el antes y el después de la lección, tiene la oportunidad de facilitar una discusión en clase para recopilar las primeras impresiones y comentarios de los estudiantes sobre el DUA. También puede enseñarles más sobre la variabilidad y sus fortalezas y preferencias de aprendizaje, pero evite cualquier discusión sobre estilos de aprendizaje, que no existen.

Un artículo en *The Atlantic*, "The Myth of 'Learning Styles'" [El mito de los "estilos de aprendizaje"] (Khazan, 2018), documenta cuánto ha crecido este Yeti pedagógico. Más del 90% de los docentes en varios países creen en la presencia de estilos de aprendizaje y los utilizan para diseñar la instrucción. Esto no quiere decir que no tengamos una combinación única de fortalezas y debilidades, variabilidad cognitiva, inteligencias múltiples o enfoques de aprendizaje preferidos. Pero nuestros cerebros no están programados para un único "estilo" de aprendizaje. Si alguien dice: "Soy un aprendiz visual" o "Necesito escucharlo para aprenderlo", esta idea surgió de la teoría de los estilos de aprendizaje. Solo hay un problema: la teoría no está basada en la ciencia. De hecho, múltiples estudios han demostrado que los "estilos" de aprendizaje no son más que "preferencias" de aprendizaje y que una preferencia no conduce a mejores resultados de aprendizaje. Los resultados de esta actividad demostrarán la variabilidad del alumno, ayudándolos a usted y a la clase a ver que todos aprenden de manera diferente.

Si entrega una encuesta a los estudiantes, ayúdelos a comprender que utilizará la información para garantizar que se satisfagan todas sus necesidades durante todo el año. Esta es una gran actividad para conocer a los estudiantes, así que, si ya distribuye una encuesta para conocerse, simplemente agregue algunas preguntas del inventario de aprendizaje DUA (¡y elimine cualquier pregunta sobre estilos de aprendizaje!). Recuerde no usar esta información para etiquetar o agrupar a los estudiantes, y pídales que dejen de pensar en sí mismos como unidimensionales. Para aprender, todos necesitamos ciertas condiciones y apoyos, pero estos cambian según el contexto. Ser consciente de nuestras fortalezas, necesidades y preferencias es increíblemente importante para convertirnos en aprendices expertos.

Además, antes de pedirles a los estudiantes que respondan las preguntas, es una buena práctica proporcionar un ejemplo y completar la encuesta o modelar las respuestas a las preguntas que usted mismo proporciona. Algunos estudiantes pueden sentirse avergonzados de revelar sus intereses o debilidades percibidas en el salón de clases, pero si analiza cómo aprende mejor en ciertas situaciones, puede alentar a los estudiantes a ser más honestos acerca de sus propias limitaciones. Como adultos, todos tenemos características que actúan como barreras cuando tratamos de aprender nueva información en entornos específicos, y los estudiantes deben saber que no están solos. Por ejemplo, me encanta leer y cuando el libro está en inglés y estoy usando mis lentes de contacto, soy un decodificador bastante bueno y mis habilidades de comprensión están bastante a punto. Entonces, en la mayoría de los casos, si tengo la opción de leer o ver un video, elijo el libro o el artículo. Curiosamente, si estoy cocinando, prefiero no leer recetas. En cambio, me gusta ver videos. Todos tenemos nuestras pequeñas peculiaridades, pero ser consciente de ellas es importante para el éxito.

Desde que escribí la segunda edición del libro, he pensado mucho más sobre la interacción del DUA y el aprendizaje socio-emocional (ASE). El Collaborative for Academic, Social, and Emotional Learning [Colaborativo para el Aprendizaje Académico, Social y Emocional], o CASEL (ver http://casel.org), es el líder en un movimiento global en crecimiento para hacer que el ASE sea ampliamente aceptado como fundamental para la educación. CASEL identifica cinco competencias clave del ASE:

- ⮌ Autoconciencia
- ⮌ Conciencia social
- ⮌ Autogestión
- ⮌ Habilidades relacionales
- ⮌ Toma de decisiones responsable

Es tentador considerar que el ASE compite con la instrucción académica, pero veo un potencial increíble para desarrollar habilidades socioemocionales al brindar oportunidades para que los estudiantes se autoevalúen, reflexionen y tomen decisiones responsables sobre su aprendizaje.

Es tentador considerar que el ASE compite con la instrucción académica, pero veo un potencial increíble para desarrollar habilidades socioemocionales al brindar oportunidades para que los estudiantes se autoevalúen, reflexionen y tomen decisiones responsables sobre su aprendizaje.

BEST for the Future [BEST para el futuro] (2020) proporciona un excelente conjunto de herramientas que incluye rúbricas apropiadas para el desarrollo de la autodirección de los estudiantes para diferentes niveles (K–2, 3–5, etc.). Estas incluyen indicadores de cómo es la autoconciencia, un componente clave del aprendizaje experto. (Puede acceder a estas rúbricas, e instrucciones para usarlas, en http://best-future.org). En cada rúbrica, el primer paso de la autodirección es la autoconciencia, un proceso de "Reflexión sobre experiencias pasadas para evaluar las propias fortalezas, limitaciones, motivación, intereses y aspiraciones dentro de diferentes contextos de aprendizaje".

En cualquier época del año, es maravilloso celebrar la autoconciencia de los estudiantes y ayudarlos a aceptarse y celebrarse a sí mismos como aprendices. Ashley Smith, una profesora de Ohio, me inspiró para crear esta tarea. Me preguntó si tenía una herramienta para apoyar la reflexión de los estudiantes que se alineara con el DUA. Como no pude encontrar uno, ¡decidimos crear uno! Creé un borrador de preguntas, un organizador gráfico y una rúbrica, y

Ashley y su equipo dieron retroalimentación. Como siguiente paso, se lo di a mis cuatro hijos (en ese momento, el mayor estaba en sexto grado, los gemelos estaban en cuarto grado y el más joven estaba en el jardín infantil) y les pedí su opinión. Originalmente, redacté cuatro preguntas para impulsar la reflexión:

- ¿En qué soy bueno?
- ¿Qué me interesa?
- ¿Qué es un desafío para mí?
- ¿Qué me ayuda a hacer mejor mi trabajo?

Mis hijos estuvieron de acuerdo en que necesitaba hacer preguntas adicionales porque "no se les ocurría nada". ¡Se nos ocurrieron estos temas juntos (Tabla 4-1)! Es posible que sus estudiantes temas agregar más.

Tabla 4-1: Temas para la reflexión de los estudiantes

Temas	Los siguientes temas pueden ayudarte a generar ideas:
¿En qué soy bueno?	★ ¿Qué materia es mi favorita y por qué? ★ ¿Cuál es la mejor manera de llamar mi atención? ★ ¿Qué tecnología y herramientas me gusta usar?
¿Qué me interesa?	★ ¿Cuándo me gusta trabajar solo? ★ ¿Cuándo me gusta trabajar con otros? ★ ¿Cómo prefiero leer? ¿Leer libros, leer libros electrónicos, escuchar libros? ★ Si me dan a elegir, ¿qué me ayuda a aprender? ¿Lectura? ¿Trabajar con el profesor? ¿Viendo videos? ★ Si me dan a elegir, ¿cómo me gustaría compartir lo que he aprendido? ¿Escribiendo? ¿Haciendo un vídeo? ¿Grabando mi voz? ¿Haciendo un modelo? ¿Usando tecnología?

Tabla 4-1 continuada: Temas para la reflexión de los estudiantes

Temas	Los siguientes temas pueden ayudarte a generar ideas:
¿Cuál es un desafío para mí?	★ ¿Qué actividades son difíciles para mí? ★ ¿Hay ciertas partes del día que son más difíciles para mí que otras? ★ ¿Hay asignaturas que me cuestan más? ★ ¿Qué me causa estrés durante la jornada escolar?
¿Qué me ayuda a hacer mejor mi trabajo?	★ ¿Qué herramientas me ayudan a aprender? ★ ¿Qué entornos me permiten hacer mi mejor trabajo? ★ ¿Qué tipo de profesor me ayuda a tener éxito? ★ ¿Cuál es un ejemplo de algo que aprendí este año que me enorgulleció? Voy a describir cómo lo aprendí.

A mis hijos y a mí se nos ocurrieron las siguientes opciones que puede poner en un tablero de elección.

Escribe una carta a tu(s) profesor(es) donde responder a las preguntas. Puedes escribirla a mano, usar la computadora o hacer una tarjeta.	Graba un podcast donde grabas tu voz para responder a las preguntas.	Crea un breve video de reflexión donde respondes a las preguntas.
Haz un cartel o una maqueta donde respondes a las preguntas.	Crea una presentación de diapositivas o una infografía en la que respondes a las preguntas.	Ten una idea creativa para responder a las preguntas. ¡Cuéntame tu idea!

También compartí mi rúbrica original, y mi hijo Boden, el que iba en el jardín infantil, dijo: "Ni siquiera sé lo que eso significa". ¡Así que lo simplificamos (Tabla 4-2)! Juntos, creamos lo siguiente. Esta es una rúbrica holística adaptada del sitio BEST for the Future (http://best-future.org). Si lo prefiere como una rúbrica de punto único, use los criterios para "En aplicación".

Tabla 4-2: Rúbrica de Boden para la reflexión de los estudiantes

Emergente	Puedo identificar mis preferencias de aprendizaje y explicar cómo se relacionan con mis fortalezas e intereses personales. ★ ¿En qué soy bueno? ★ ¿Qué me interesa?
En desarrollo	Puedo describir mis fortalezas, mis intereses y lo que es un desafío para mí. Usa estos temas: ★ ¿En qué soy bueno? ★ ¿Qué me interesa? ★ ¿Qué es un desafío para mí?
En aplicación	Puedo describir mis fortalezas, intereses y lo que me desafía, y también puedo describir estrategias que me permiten hacer mi mejor trabajo. ★ ¿En qué soy bueno? ★ ¿Qué me interesa? ★ ¿Qué es un desafío para mí? ★ ¿Qué me ayuda a hacer mejor mi trabajo?
En extensión	Puedo discutir ejemplos específicos de mi trabajo pasado y presente para mostrar cómo usé mis fortalezas para progresar y aprender cuando las cosas eran desafiantes. ★ ¿En qué soy bueno? ★ ¿Qué me interesa? ★ ¿Qué es un desafío para mí? ★ ¿Qué me ayuda a hacer mejor mi trabajo? ★ ¿Qué haría diferente la próxima vez?

Proporcionar múltiples formas de motivación y compromiso

Si cree que sería interesante para sus alumnos, también puede profundizar un poco en la investigación del cerebro. Podría dar a los estudiantes una plantilla de un cerebro y pedirles que la coloreen. Si enseña ciencias, podría pedirles que etiqueten otras partes del cerebro mientras trabajan. Las posibilidades son infinitas.

Una profesora de kínder de mi distrito comenzó el año escolar pidiendo a sus alumnos que hicieran "títeres cerebrales". Entregó a los estudiantes un folleto del cerebro DUA y los animó a colorear las diferentes redes del cerebro. Mientras coloreaban, explicó que tres partes del cerebro eran responsables del aprendizaje y que era su trabajo iluminar las tres partes del cerebro para que pudieran aprender. ¡Era neurociencia para niños de 5 años!

Para cada pauta del DUA que sigue, encontrará un lenguaje simplificado para los estudiantes y consejos sobre cómo involucrarlos en su entorno de aprendizaje. Usted conoce a sus alumnos mejor que nadie, así que mientras lee, piense en qué sugerencias podría implementar en su salón de clases y pídales a los alumnos que sugieran formas adicionales en las que podría involucrarlos. Recuerde, cuanto más involucre a los estudiantes en la creación de un entorno de aprendizaje que incluya los principios del DUA, más fácil le resultará diseñar sus lecciones. Tomar algunas de las siguientes sugerencias y convertirlas en rutinas le ahorrará incontables horas a lo largo del año.

Las pautas de compromiso se relacionan con involucrar a los estudiantes o hacer que el contenido sea interesante o relevante para los estudiantes. Las Pautas también le permiten fomentar la perseverancia y una mentalidad de crecimiento en los estudiantes cuando el aprendizaje es un desafío. Estas Pautas tienden a interesar más a los estudiantes porque, francamente, las Pautas tienen que ver con ellos y cómo se las arreglan cuando están frustrados, aburridos o ansiosos.

Pauta	Traducción
Entregar opciones para captar intereses.	¡Todos somos muy diferentes unos de otros y cada uno de nosotros es diferente día a día! Todos tenemos días en los que nos sentimos mejor y estamos listos para un desafío, y luego, en otros días, es posible que necesitemos más apoyo. ¡Está bien! ¡Este año, tendrán muchas opciones para que puedan reflexionar sobre lo que necesitan y luego tomar decisiones sobre cómo aprenderán, los materiales que usarán y cómo compartirán lo que saben! Es importante para mí brindarles estas opciones porque la investigación es bastante clara en cuanto a que los estudiantes están más interesados cuando pueden tomar decisiones sobre su aprendizaje. Es posible que no sepan qué funcionará mejor para ustedes desde el principio, pero con el tiempo, aprenderán más sobre ustedes mismos como estudiantes.

Aquí hay algunas estrategias concretas para implementar en su entorno de aprendizaje para ayudar a despertar el interés de los estudiantes:

- Ofrezca espacios flexibles para que los estudiantes trabajen (es decir, escritorios de pie, grupos de asientos para colaborar y áreas del salón de clases que sean más sensibles a los sentidos).

- Para saber lo que les interesa a sus alumnos, tiene que conocerlos. No es suficiente saber cuáles son sus preferencias de aprendizaje o qué tareas les gustan más. También debe conocer los deportes que practican, qué música les gusta y qué talentos tienen para que pueda comprender mejor sus intereses e incorporarlos en el diseño de su lección. Los estudiantes son seres humanos como nosotros y necesitan saber que las personas se preocupan por ellos y los comprenden. Tómese un tiempo al comienzo del año para encuestar a los estudiantes sobre sus intereses, pídales que hagan una presentación sobre quiénes son o simplemente pase un minuto al día hablando con un estudiante diferente.

○ ¿Una manera divertida de aprender acerca de los estudiantes? Pídales que expliquen por qué son increíbles. Utilice el tema de escritura proporcionado al final de este capítulo. Como se mencionó anteriormente, siempre es bueno dar a los estudiantes un ejemplo, así que redacte una carta usted mismo que argumente por qué es un profesor increíble y comparta más sobre su identidad, su historia personal y lo que lo distingue quien es.

○ Redacte el plan de lecciones con sus alumnos. Como educadores, a menudo nos presionamos a nosotros mismos para encontrar todas las opciones sobre cómo aprenderán los estudiantes, los materiales que usarán y cómo compartirán lo que saben. La próxima vez que planee una lección, comparta la meta que está tratando de lograr con los estudiantes y cómo ha enseñado tradicionalmente la lección. Pregunte a los estudiantes si creen que hay caminos o recursos adicionales que los desafiarían o apoyarían para lograr esta meta.

Pauta	Traducción
Proporcionar opciones para mantener el esfuerzo y la persistencia.	¿Cuántos de ustedes le han preguntado alguna vez a un profesor "¿Qué vamos a hacer hoy?"? Esto se debe a que, como estudiantes, queremos saber cuál es el objetivo. Ninguno de nosotros quiere completar una tarea si no sabemos cuál es el objetivo, ¿verdad? Es por eso que a lo largo del año nos vamos a centrar en lo que estamos aprendiendo y por qué lo estamos aprendiendo. Además, para mantenerlos motivados, cuando sea apropiado, tendrán muchas oportunidades de tomar decisiones para que puedan elegir algo que los desafíe. A veces, también los dejaré trabajar con compañeros o en grupos para que cuando el trabajo parezca difícil, puedan pedirle ayuda a alguien. Siempre estaré disponible para ayudarlos también, así que no tengan miedo de elegir una tarea difícil.

Aquí hay algunas estrategias concretas para implementar en su entorno de aprendizaje para ayudar a mantener el esfuerzo y persistencia de los estudiantes:

- ➲ Ya sea que tenga un sistema de gestión de aprendizaje en línea, papel cuadriculado o una pizarra, debe tener un plan para el día trazado. Además de publicar en la agenda, es valioso tomar fotos de la agenda para los estudiantes que no están en clase para que puedan ver lo que se perdieron. Si teme olvidarse de tomar la foto todos los días, puede asignar a un fotógrafo de la clase.

- ➲ Haga que los objetivos de la lección sean claramente visibles. Pídale a un estudiante que escriba las metas y la agenda todas las mañanas. También podrían decorarlo en este momento si lo permite.

- ➲ Asegúrese de compartir el objetivo de aprendizaje de varias maneras. Dígalo oralmente, escríbalo en la pizarra, inclúyalo en las evaluaciones, etc. Si alguien entra en la sala, todos los estudiantes deberían poder responder a la pregunta "¿Qué estás haciendo hoy y por qué?".

- ➲ En lugar de pedirles a los estudiantes que trabajen juntos o que simplemente piensen y compartan en p areja, tómese el tiempo para aprender sobre múltiples estrategias de colaboración. Por ejemplo, busque lo siguiente: Sorprende a Tu Compañero, Fiesta del Té y Sillas Filosóficas.

Pauta	Traducción
Entregar opciones para la autorregulación.	Este año, mi trabajo es ayudarlos a aprender mucha información nueva y, si lo hago bien, a veces se sentirán confundidos, frustrados o desafiados. Esos sentimientos están bien, ¡siempre y cuando sepamos cómo manejarlos! A veces también me frustro, pero cuando lo hago, tengo que recordarme a mí mismo que debo respirar hondo, tomar un descanso y reflexionar sobre lo que debo hacer a continuación. ¡Necesitan descubrir qué estrategias funcionan mejor para ustedes! A lo largo del año, les enseñaré diferentes estrategias que los ayudarán a encontrar el equilibrio y completar su trabajo, incluso cuando parezca muy difícil y sea más fácil rendirse.

Aquí hay algunas estrategias concretas para implementar en su entorno de aprendizaje para ayudar a los estudiantes a autorregularse:

○ Enseñe a los estudiantes sobre habilidades de superación. Por ejemplo, muchos estudiantes se frustrarán y se darán por vencidos, pero hay muchas maneras de seguir trabajando a pesar de los obstáculos. Puede ser útil enseñar a los estudiantes técnicas de relajación o colorear mandalas o brindarles la opción de escuchar música en sus auriculares cuando están trabajando.

○ Anime a los estudiantes a tomar descansos durante la clase cuando los necesiten. Considere crear un tablero de elección con los estudiantes sobre qué actividades y estrategias de afrontamiento son apropiadas durante los descansos. Además, enseñe a los estudiantes cómo bloquear su tiempo y recompensarse por cumplir con los mini-plazos. Modele esto para ellos y explíqueles cómo administra su tiempo al planificar las clases. Configurar un temporizador es muy útil para algunos estudiantes.

○ Pida a los estudiantes que completen una autorreflexión después de una evaluación o como un boleto de salida para que pueda conseguir retroalimentación sobre qué tan bien les fue en la clase. Pregúnteles:

  ○ ¿Te ayudó la lección a cumplir con el estándar? Si no, ¿qué fue confuso de la lección?

  ○ ¿Qué podrías haber hecho mejor hoy?

  ○ ¿Qué podría haber hecho yo, como tu profesor, mejor hoy?

Proporcionar múltiples formas de representación

La representación se enfoca en cómo usted diseña la instrucción para que todos los estudiantes puedan desarrollar la comprensión. Algunos estudiantes, especialmente los mayores, pueden haber tenido profesores que presentaron la información utilizando un método principal, como leer o hacer una clase. Explique que hará un esfuerzo por variar sus métodos de presentación cuando sea apropiado.

Pauta	Traducción
Entregar opciones para la percepción.	Haré todo lo posible para asegurarme de complementar el material de lectura con imágenes y tecnología. Además, publicaré folletos de la clase y pautas de tareas de manera digital para que puedan descargarlos en su dispositivo. Nuestro libro de texto también está en línea, por lo que pueden personalizar la fuente y, lo que es mejor, nunca olvidarán su trabajo en la escuela. ¡Esto asegurará que todos ustedes tengan formas de acceder al aprendizaje!

Aquí hay algunas estrategias concretas para implementar en su entorno de aprendizaje para ayudar a los estudiantes a la hora de percibir los materiales curriculares:

- ◆ Si se siente cómodo haciéndolo, considere registrar cualquier instrucción explícita para que pueda publicarla inmediatamente en su sistema de gestión de aprendizaje; de esta forma, los alumnos pueden volver a accederla, o accederla por primera vez si han estado ausentes, o puede compartirla con los padres. En su distrito, si hay inquietudes sobre la privacidad de los estudiantes, coloque un iPad o un dispositivo de grabación de modo que no haya estudiantes en el marco. ¡Puede asignar un camarógrafo para la clase para asegurarse de permanecer en la pantalla!

- ◆ Pida a alguien de su clase que tome notas visuales o bocetos. Las notas permiten a los tomadores de notas dar sentido al contenido complejo al ofrecer información visual que resalta patrones, características críticas, grandes ideas y relaciones en un contexto crítico. Puede publicarlas en su sistema de gestión de aprendizaje, que proporciona un medio alternativo de representación.

- ◆ Para historias o texto sin un componente de audio, puede usar un software de grabación de voz para grabar el texto o puede pedir voluntarios para leer la historia en voz alta en un archivo de audio. Una vez que tenga el audio, puede brindar opciones y elecciones para comprender el texto.

- ◆ Si tiene texto del nivel, considere proporcionar las siguientes opciones:

  - ◆ ¿Puede ofrecer el texto en papel y digitalmente?

  - ◆ ¿Puede proporcionar opciones para que los estudiantes lean en silencio o lean con un compañero?

Pauta	Traducción
Proporcionar opciones de lenguaje, expresiones matemáticas y símbolos.	El vocabulario académico es importante para la universidad y/o las carreras que hayan elegido. Para ayudarlos a acceder al vocabulario académico, enseñaré previamente conceptos importantes y proporcionaré gráficos que los ayudarán a recordar y apropiarse de las nuevas palabras. Hay fórmulas en casi todo lo que aprenderán este año. Resolver ecuaciones matemáticas, identificar estructuras de texto y escribir ensayos son procesos complejos con pasos concretos. Independientemente de lo que estemos aprendiendo, me aseguraré de resaltar los diferentes componentes para que puedan tener éxito cuando tengan que completar el trabajo de forma independiente.

Aquí hay algunas estrategias concretas para implementar en su entorno de aprendizaje para ayudar a todos los estudiantes a reforzar sus conocimientos lingüísticos:

- Haga un muro de palabras, es decir, un tablón de anuncios con todas las palabras de vocabulario presentadas a lo largo del año. Puede poner a los estudiantes a cargo de crear y actualizar este muro, pero el simple hecho de ver las palabras repetidamente les permitirá usarlas con más frecuencia. Cuando los estudiantes usan las palabras en una variedad de contextos, es más probable que las hagan suyas. Al comienzo del año, podría comenzar una cuenta regresiva. Por ejemplo, es posible que desee introducir 200 palabras durante el año. A los estudiantes les encanta ver el progreso de la cuenta regresiva a medida que aprenden más palabras.

- Si tiene un concepto realmente importante que los estudiantes deben aprender, puede pedirles que creen mapas conceptuales para la palabra. Un método popular es el modelo Frayer (Figura 4-1), que anima a los estudiantes a pensar críticamente sobre las definiciones para determinar características, características no críticas, ejemplos y no ejemplos. Puede pedirles a los estudiantes que presenten sus modelos a sus compañeros para que hablen sobre la palabra desconocida. Esto es especialmente importante para las palabras de Nivel 2 y Nivel 3 porque con frecuencia solo se ven en el texto. Aunque esta es una gran actividad, completar el cuadro lleva tiempo, así que seleccione las palabras más importantes y pídales a los estudiantes que completen el cuadro en forma impresa o digital.

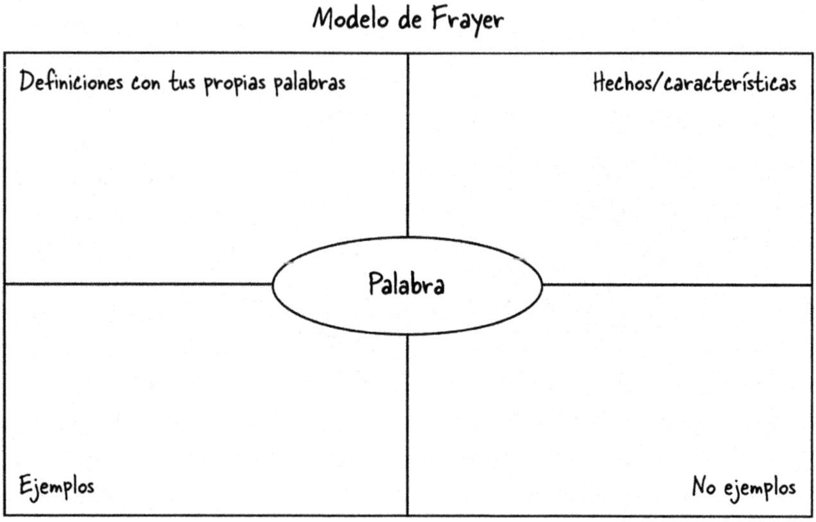

Modelo de Frayer

Definiciones con tus propias palabras	Hechos/características
Ejemplos	No ejemplos

(En el centro del diagrama: Palabra)

Figura 4-1: El modelo Frayer

Pauta	Traducción
Proporcionar opciones para la comprensión.	Es más fácil aprender algo nuevo cuando pueden relacionarlo con algo que ya saben. Antes de comenzar nuevas lecciones, trabajaremos juntos para descubrir lo que ya sabemos sobre el tema. Cuando terminemos de aprender un nuevo tema, hablaremos sobre cómo podemos usar ese nuevo conocimiento de diferentes maneras. Trabajaremos todo el año para hacer y visualizar conexiones importantes antes y después de cada lección para que puedan ver las relaciones entre todo lo que están aprendiendo.

Aquí hay algunas estrategias concretas para implementar en su entorno de aprendizaje para mejorar la comprensión de todos los estudiantes:

- La visualización es una habilidad importante para los estudiantes, pero muchos no lo hacen de forma natural. Esta es otra oportunidad para pedir a los artistas de la clase que dibujen conexiones concretas para que otros alumnos puedan ver las relaciones entre las ideas. Pida a los alumnos que se acerquen a la pizarra o al papel cuadriculado para dibujar representaciones visuales u organizadores gráficos para explicar cómo encaja el nuevo contenido en lo que los alumnos ya saben. A los estudiantes siempre les encanta ver las obras de arte de sus compañeros, especialmente cuando se hacen en tiempo real.

- Considere dar una evaluación de diagnóstico antes de enseñar la lección. Esto le permitirá ver cuánto saben ya los estudiantes. Esto se puede hacer rápidamente usando

Formularios de Google si tiene la tecnología disponible, o puede proporcionar más tiempo para que los estudiantes se enfrenten con los contenidos estudiados para que tenga una mejor idea de la variabilidad en la clase. Nota: No califique una evaluación de diagnóstico. ¡Es solo para la autorreflexión!

- Buscar en Google o anotar: Proporcione 5 minutos para que los estudiantes trabajen solos o con compañeros para enumerar todo lo que ya saben sobre el tema en estudio. Si no saben nada, bríndeles un recurso, imágenes o texto para darles algunos antecedentes, o permítales buscar en Google el contenido que se está estudiando para crear antecedentes antes de comenzar.

- Pida a los estudiantes que usen un cuadro KWL (lo que sé, quiero saber y, en última instancia, quiero aprender) para reflexionar sobre las próximas lecciones. Pueden trabajar solos o con compañeros o hacer una lluvia de ideas en la clase.

- Lluvia de ideas con imágenes: Proyecte una imagen o colección de imágenes que se relacione con el contenido que se está estudiando y pida a los alumnos que le digan todo lo que puedan sobre el material visual. Pueden discutir o responder con palabras o imágenes.

Proporcionar múltiples formas de acción y expresión

Una vez que ha enseñado los contenidos curriculares a los alumnos, estos tienen que expresar sus conocimientos. Explique a los estudiantes que tendrá muchas prácticas para asegurarse de que puedan tener éxito en esta tarea.

Pauta	Traducción
Proporcionar opciones para la acción física.	Si no tienes muy buena vista, necesitas usar anteojos. Esta es una adaptación que lo ayuda a aprender. Muchas otras adaptaciones ayudan a las personas a aprender, como escribir a máquina, escuchar audiolibros o usar un software especial en la computadora. Siempre les permitiré y los alentaré a usar los recursos que los ayuden a aprender mejor. [Nota para los profesores: Si tiene una política de aula específica sobre el uso de la tecnología en las tareas, puede insertarla aquí].

Aquí hay algunas estrategias concretas para implementar en su entorno de aprendizaje para ayudarlo a proporcionar opciones para la acción física:

- Si tiene estudiantes que saben cómo usar tecnología específica para ayudar a completar las tareas, pídales que demuestren cómo usarla a otros estudiantes. Cuando se utiliza tecnología de asistencia, brindar a todos los estudiantes la opción de experimentar con dichas tecnologías ayuda a crear una comunidad de aula más inclusiva, ya que lo que es necesario para algunos estudiantes se brinda como una opción para todos.

- Si sus niños son expertos en tecnología, podría tener una demostración de tecnología una vez a la semana o una vez al mes durante la cual los estudiantes vengan y muestren a sus compañeros cómo acceder a diferentes aplicaciones y sitios web que los ayuden con la materia.

Pauta	Traducción
Proporcionar opciones para la expresión y la comunicación.	Rendir exámenes de opción múltiple y escribir ensayos son habilidades importantes, pero muchas otras formas en que los estudiantes pueden expresar su conocimiento pueden ser aún más desafiantes. En esta clase, espero que se esfuercen por probar cosas nuevas y métodos variados para expresar el conocimiento, la creatividad y sus habilidades de presentación. Estas tres acciones los ayudarán a tener éxito en la universidad, en el ejército o en las carreras que elijan.

Aquí hay algunas estrategias concretas para implementar en su entorno de aprendizaje que le permitirán proporcionar múltiples formas para que los estudiantes expresen sus conocimientos y habilidades:

- Comience solo con su evaluación tradicional y pida a los estudiantes que propongan otras formas de demostrar que cumplieron con el estándar o los recursos adicionales que necesitan para completarlo. La elección de la tarea debe aprobarse antes de comenzar la evaluación.

- Al comienzo del año, pídales a los estudiantes que lo ayuden a hacer un banco de ideas creativas con muchas opciones de tareas diferentes. Si puede generar una lista larga de tareas posibles (como obras de teatro, canciones, películas de stop-motion, etc.), le facilitará mucho la vida cuando necesite encontrar opciones de asignación. Los estudiantes, especialmente los mayores, a veces son más expertos en tecnología que sus profesores, así que pídales que pregunten sobre las formas en que pueden compartir lo que saben y qué tipo de tareas les gusta completar.

- Incluso si todos los estudiantes reciben la misma evaluación, puede proporcionar opciones y alternativas para las herramientas que utilizan. Considere proporcionar acceso a organizadores gráficos, ejemplos, dispositivos de accesibilidad, hojas de referencia de matemáticas, sus notas, etc.

● Fomente las revisiones y repeticiones después de que los estudiantes reflexionen y exploren recursos adicionales para fomentar la perseverancia.

Pauta	Traducción
Proporcionar opciones para las funciones ejecutivas.	Hay [cualquiera sea el número] de ustedes y solo uno de mí. Por lo tanto, ustedes son su mejor recurso cuando se trata de completar sus tareas. A lo largo del año, se esperan que hagan más y más trabajo por su cuenta. Para ayudarlos a hacer esto, les daré una serie de diferentes apoyos. Haré mi trabajo y les proporcionaré objetivos, ejemplos, rúbricas y estrategias para las tareas, y completando tareas, y también les enseñaré estrategias para que puedan ser su propio mejor profesor.

Aquí hay algunas estrategias concretas para implementar en su entorno de aprendizaje para enseñar explícitamente las funciones ejecutivas:

● Para desarrollar habilidades de función ejecutiva, los estudiantes necesitan la oportunidad de establecer sus propias metas y crear su propia estrategia. Una parte importante de la creación de una estrategia es determinar qué información y recursos se necesitan para tener éxito y cómo se va a monitorear el progreso. Cree criterios para el éxito, listas de verificación y estrategias como clase para desarrollar la eficacia colectiva en su salón de clases. Recientemente observé a una profesora de segundo grado que se sentó con su clase antes de una evaluación para que todos los estudiantes pudieran hacer una lluvia de ideas sobre todos los pasos que tendrían que seguir para tener éxito al completar una tarea y todos los materiales que deberían tener en sus escritorios antes de comenzar. Si proporciona a los estudiantes todo lo que necesitan, no tendrán la oportunidad de practicar estas habilidades.

⮑ Es importante proporcionar a los estudiantes la opción de ver ejemplos de trabajo para cada tarea. Esto evita lo inevitable: "No pude hacerlo porque no sabía lo que se suponía que debía hacer". Cuando les da a los estudiantes una muestra de lo que está buscando, responde muchas de las preguntas que tienen sobre cómo completar la tarea. Es posible que se pregunte: "¿Dónde obtendré estas asignaciones de muestra si nunca antes las he asignado?". Cuando se trata de ejemplos, tiene una opción: Puede completar un ejemplo usted mismo o preguntar a los alumnos si le permiten usar su trabajo como ejemplo. ¡Sepa que a veces los no ejemplos también funcionan!

Resumen

Al comienzo del capítulo, aprendió sobre el currículo oculto y el mensaje que envía a los estudiantes. Es posible que no pueda corregir los mensajes ocultos comunicados en su escuela, pero ciertamente tiene el poder de cambiar los mensajes en su entorno de aprendizaje. El DUA lo ayudará a hacer eso.

Un aspecto importante del DUA es motivar a los estudiantes, y la mejor manera de hacerlo es involucrándolos. Es posible que se sienta escéptico acerca de abrir su proceso de diseño curricular a los estudiantes, pero si lo hace, les está enviando un mensaje importante: que los valora a ellos y a sus opiniones. Además, cuanto más los involucre, más comprometidos estarán y usted estará más cerca de la implementación completa del DUA. Es algo que solo tiene que probar porque cambiará su práctica y a sus alumnos.

Preguntas para la reflexión

1. Piense en su propia educación. ¿Puede pensar en algún currículo oculto, o mensajes no deseados, que sus profesores le hayan comunicado a usted o a sus compañeros de clase?

2. ¿Por qué es tan importante compartir el proceso de planificación del DUA con sus alumnos?

3. ¿Qué ideas descritas en este capítulo implementará de inmediato? ¿Se le ocurre alguna para añadir a la lista?

Tema de escritura: ¿Por qué eres increíble?

La escritura argumentativa es una escritura que intenta convencer al lector para que adopte una opinión en particular. Sé que todos son muy buenos discutiendo, aunque aún no lo sepan aún. Por eso vas a discutir por qué eres increíble. Sigue estos pasos para generar una lluvia de ideas sobre algunas razones y ejemplos de tu genialidad:

1. Piensa en la forma en que actúas en clase. ¿Cómo podrías ayudar a hacer de esta clase una comunidad increíble? ¿Eres excelente dibujando, leyendo o escribiendo? ¿Te gusta trabajar con socios? ¿Permaneces callado cuando alguien está hablando? ¿Contarías chistes para hacernos reír? Dicta, dibuja o escribe al menos tres cosas que podrías hacer en clase que harían de tu salón de clases un lugar increíble para estar.

2. Piensa en todas las cosas geniales que puedes hacer. ¿Puedes lanzar triples, resolver un cubo de Rubik, dar una voltereta hacia atrás, tocar el violín o comer galletas

saladas sin agua? Nombra tres cosas que te hacen único y fabuloso.

3. Ahora estás listo para compartir por qué eres increíble exactamente como eres. Asegúrate de incluir al menos tres de las ideas anteriores (tú hiciste una lluvia de ideas sobre seis, ¡así que te estás saliendo con la tuya fácilmente!) Puedes usar tantos como desees, pero solo se requieren tres.
4. Determina cómo presentarás tu información. Tienes las siguientes opciones:

   a. Para estudiantes más jóvenes:

   - Haz dibujos detallados de todas las razones por las que eres increíble. Escribe o dicta subtítulos para cada imagen.
   - Trae artículos que me mostrarán por qué eres increíble. Escribe o dicta por qué cada artículo muestra lo increíble que eres.

   b. Para estudiantes mayores:

   - Puedes escribir una carta, un correo electrónico, un blog, un poema o una canción sobre por qué eres increíble.
   - Produce un comercial y grábalo usando video o audio para que puedas presentar lo increíble que eres.
   - Usa palabras y elementos visuales para compartir por qué eres increíble: piensa en un póster, una infografía, una presentación de diapositivas o una película de stop-motion.

5

El poder del aprendizaje experto

OBJETIVO FIRME: Aprenderá cómo el DUA ayuda a preparar a los estudiantes para las vidas futuras que quieren vivir.

FUNDAMENTOS: Para que nuestros estudiantes logren sus metas universitarias, profesionales y de vida, deben ser comunicadores efectivos, aprendices autónomos, solucionadores de problemas creativos, ciudadanos responsables y pensadores integradores, todos componentes del aprendizaje experto. Cuando diseñamos y brindamos instrucción con el marco del DUA, estamos desarrollando habilidades críticas de autodirección, empoderando las voces de los estudiantes y preparando a nuestros alumnos para lograr las metas significativas que se propusieron.

Mi hijo Brec, que tiene 10 años mientras escribo esto, tiene todas las características de un aprendiz experto. Una tarde, él y sus amigos de quinto grado salieron a comer pizza después de la escuela. La pizzería vendía agua a $2 la botella. Brec sabía que se podía comprar una caja entera de agua por $5 porque habíamos comprado una de camino al campo de fútbol el fin de semana anterior. Surgió un plan. Él y sus amigos caminaron hacia el mercado, compraron una caja de agua e instaló una tienda frente a la pizzería, vendiendo agua por $1. Ganaron $24, compraron una pizza grande para dividir y se ahorraron el dinero del almuerzo. #aprendizajeexperto

La mentalidad que condujo a su pequeña estafa requería autodirección, iniciativa, establecimiento de objetivos, resolución de problemas, colaboración y algunas agallas. ¿Cómo construimos oportunidades para practicar estas habilidades dentro de nuestros entornos de aprendizaje?

Un artículo de Forbes, "What Is 21st Century Learning? How Do We Get More?" [¿Qué es el aprendizaje del siglo XXI? ¿Cómo obtenemos más?], analiza cómo es el aprendizaje en el siglo XXI. "El aprendizaje para el siglo XXI es tanto personal como personalizado. Tiene un propósito y honra la variabilidad del alumno. Combina carreras de habilidad y desafíos extendidos. Combina la voz y la elección del alumno con una guía reflexiva para dar forma a los viajes del aprendizaje" (Vander Ark, 2019). Numerosos distritos escolares se han comprometido con una visión del aprendizaje del siglo XXI en su retrato de un graduado o una visión de un graduado que es "un documento que una escuela o distrito usa para especificar las competencias cognitivas, personales e interpersonales que los estudiantes deben tener cuando se gradúen" (Kay, 2017). Los perfiles de los graduados se están convirtiendo en una herramienta crítica en muchas escuelas y distritos. Como un ejemplo de cómo estos perfiles se han generalizado, considere que todas las escuelas secundarias en Nueva Inglaterra deben tener un plan que describa sus "valores fundamentales, creencias sobre el aprendizaje y visión del graduado" para recibir la acreditación de la New England Association of Schools and Colleges [Asociación de Escuelas y Colegios de Nueva Inglaterra] (2020). La creación de un perfil de un graduado comienza con la lluvia de ideas de las partes interesadas sobre las habilidades críticas que los graduados necesitan para tener éxito en el mundo. Cuando reviso los retratos de los graduados, siempre me sorprende cómo cada una de las características también se puede usar para describir a un aprendiz experto porque los aprendices expertos están motivados, tienen un propósito, son ingeniosos, tienen conocimientos, son estratégicos y están orientados a objetivos.

En el libro *21st Century Skills: Learning for Life in Our Times* [Habilidades del siglo XXI: Aprendizaje de por vida en nuestra época], Trilling y Fadel (2009) se refieren a un estudio en el que se preguntó a 400 ejecutivos de contratación de grandes corporaciones si sus nuevos empleados, los recién graduados universitarios, estaban preparados para trabajar. Su respuesta, "en realidad no", es un llamado para que el DUA reemplace el modelo de educación tradicional, que no preparaba a los estudiantes para las carreras de hoy porque no era, como compartió el artículo de Forbes, "personal y personalizado". Como resultado, esta "brecha de habilidades del siglo XXI" les cuesta a las corporaciones aproximadamente $200 mil millones al año, en todo el mundo, para educar un lugar de trabajo ya educado en habilidades importantes como el pensamiento crítico, el trabajo en equipo y la ética laboral (Trilling y Fadel, 2009).

Estamos bien entrados en el siglo XXI, y está claro que estas habilidades no solo son importantes en las aulas de hoy, sino que también se están volviendo cada vez más críticas y serán esenciales en el próximo siglo. ¡Incorpore *habilidades de última generación*!

Estas habilidades de última generación deben incorporarse en nuestras aulas si queremos que nuestros estudiantes tengan éxito y puedan acceder a experiencias de aprendizaje equitativas y personalizadas. Dado que estamos preparando a nuestros estudiantes para el futuro, debemos armarlos con el conocimiento y las habilidades que necesitan para que estén listos para trabajar y contribuir a nuestra sociedad global.

La Tabla 5-1 describe los dominios clave para el éxito de los estudiantes en la próxima generación: conocimiento de las materias básicas, habilidades de aprendizaje e innovación, habilidades profesionales y para la vida, y la importancia de la productividad y la responsabilidad. En las siguientes páginas, aprenderá cómo un plan de estudios diseñado universalmente brindará oportunidades para que los estudiantes desarrollen estas habilidades.

Tabla 5-1: Dominios clave para las habilidades de última generación (adaptado de Trilling y Fadel, 2009)

Dominios clave	Habilidades esenciales de última generación
Materias y habilidades básicas	★ Lectura ★ Escritura ★ Matemáticas
Habilidades de aprendizaje e innovación	★ Pensamiento crítico ★ Resolución de problemas ★ Comunicaciones ★ Creatividad e innovación
Habilidades profesionales y para la vida	★ Colaboración y trabajo en equipo ★ Liderazgo y responsabilidad ★ Iniciativa y autodirección ★ Flexibilidad y adaptabilidad ★ Interacción social y transcultural ★ Habilidades profesionales y autodependencia
Productividad y responsabilidad	★ Habilidades de alfabetización digital ★ Alfabetización digital ★ Alfabetización informativa ★ Alfabetización de los medios de comunicación

Materias y habilidades básicas

En un aula de diseño universal, los profesores son expertos en aprendizaje, pero eso no significa que no necesiten también experiencia en el contenido. La expectativa de que los docentes conozcan su contenido no ha cambiado; de hecho, diría que el conocimiento del contenido de los docentes es más importante que nunca. En el modelo tradicional de educación, los profesores eran expertos en contenido, pero ¿con qué frecuencia se les cuestionaba? ¿Con qué frecuencia fueron desafiados a explicar su contenido de múltiples maneras? ¿Con qué frecuencia tenían que entregar el mismo contenido a audiencias muy diferentes en la misma sala? Los profesores hoy son el epítome de los expertos en su materia porque también son expertos en aprendizaje.

El marco de Danielson, que ha influido en la evaluación de los educadores en miles de sistemas escolares en todo el mundo, destaca la importancia de que los educadores demuestren tanto el conocimiento del contenido como la pedagogía. En la Guía de referencia rápida del marco para la enseñanza, Danielson señala: "El marco da voz a lo que todos los educadores saben: que enseñar es un trabajo muy complejo. Es el trabajo de una persona que piensa" (Danielson Group, 2019, p. 1).

Para diseñar y entregar su contenido, debe poder pensar críticamente para determinar el conocimiento más vital en su asignatura, debe comunicar esa información utilizando métodos flexibles que satisfagan las necesidades de todos los alumnos, y debe usar prácticas creativas e innovadoras (¡DUA!) para entregar esa información. Un profesor exitoso modela la importancia de estas habilidades de última generación.

¿Cómo podemos asegurarnos de que los estudiantes construyan el conocimiento sobre el contenido al mismo tiempo que aseguramos que su aprendizaje sea significativo, personal y auténtico? Aprovechamos los principios del DUA, damos retroalimentación y orientación con foco en el dominio, y creamos más oportunidades para que los estudiantes compartan su conocimiento sobre el contenido con audiencias auténticas (Vander Ark, 2019).

Habilidades de aprendizaje e innovación

Tanto la educación tradicional como la instrucción diferenciada (ID) son marcos dirigidos por el profesor. En estos modelos, los estudiantes no siempre tienen que aprender a aprender porque los educadores les brindan un plan de estudios o la instrucción específica que necesitan. En el DUA, los estudiantes toman un papel activo en su aprendizaje para que puedan convertirse en aprendices expertos, por lo que debemos asegurarnos de que nuestros estudiantes tengan acceso tanto a un entorno de aprendizaje diseñado universalmente como a la ID.

Cuando les entrega a los estudiantes opciones desafiantes a través de las cuales expresar su aprendizaje, deben pensar críticamente sobre qué opciones funcionan mejor. Esto, a su vez, brinda oportunidades para desarrollar y perfeccionar habilidades ejecutivas y estratégicas, habilidades de autorregulación que fomentan la persistencia y habilidades predictivas sobre los resultados de su evaluación.

Imagine, por ejemplo, que quiere que sus alumnos lean un texto y respondan de alguna manera. En un modelo tradicional de educación, usted, como profesor, puede seleccionar el texto y pedir a los alumnos que lean una copia impresa del texto de forma independiente. Después de leer el texto, puede pedirles a los estudiantes que respondan a una pregunta predeterminada usando evidencia del texto para respaldar su respuesta. En ciencias elementales, por ejemplo, los estudiantes pueden leer un artículo en una revista científica sobre diferentes familias de animales y luego se les puede pedir que respondan a la pregunta "¿Qué familia tiene más bebés?". En anatomía y fisiología de la escuela secundaria, es posible que se requiera que los estudiantes lean una sección de su libro de texto sobre metabolismo y nutrición. Después de leer el texto asignado, pida a los estudiantes que comparen y contrasten el metabolismo de los carbohidratos, el metabolismo de los lípidos y el metabolismo de las proteínas.

Tareas como estas ciertamente requieren conocimiento del contenido y habilidades de comprensión de lectura, pero es posible que no fomenten el aprendizaje experto o la innovación. Si tuviera que diseñar universalmente las lecciones que acabamos de mencionar para optimizar el aprendizaje experto, los estudiantes tendrían que ser más ingeniosos y estratégicos. Al presentar familias de animales, por ejemplo, puede proporcionar varios libros sobre animales de la biblioteca, aplicaciones de móviles con pistas de videos, imágenes de familias de animales en una presentación de diapositivas proyectada y animales de peluche que colocó alrededor de la sala con el nombre en etiquetas que identifiquen su especie. Los estudiantes pueden explorar estos recursos para desarrollar conocimientos previos antes de leer o escuchar el artículo. Para la evaluación, los estudiantes pueden trabajar solos o con compañeros para crear su producto.

Cada estudiante o grupo podría seleccionar dos familias de animales sobre las que aprendieron y explicar en qué se diferencian haciendo dos dibujos, completando un diagrama de Venn con palabras o imágenes, escribiendo una historia sobre en qué se diferencian o escribiendo una nota para el director o una profesora del jardín, explicando las diferencias. En este escenario, los estudiantes deben crear una meta para los recursos que desean explorar, seleccionar la evaluación que desean completar, pensar críticamente para crear una respuesta y tener la opción de compartir su aprendizaje con una audiencia auténtica.

En la clase de anatomía y fisiología, los estudiantes pueden usar sus dispositivos para leer artículos sobre los diferentes tipos de metabolismo, explorar videos o reunirse en grupos colaborativos para desarrollar su comprensión antes de acceder al libro de texto (¡que con suerte también está disponible en línea con herramientas de accesibilidad integradas!). En lugar de responder a un tema de escritura, podrían aplicar su conocimiento de una manera más significativa. Por ejemplo, podría proporcionar a los estudiantes pacientes hipotéticos que tienen diferentes necesidades dietéticas (es decir, el fisicoculturista, el paciente con hipotiroidismo, la abuela que quiere iniciar un programa de acondicionamiento físico) y que tienen preguntas sobre su metabolismo y cómo se verá afectado por su nuevo plan de nutrición. Los estudiantes podrían trabajar en grupos, como nutricionistas, para crear un recurso para los pacientes que explicara cómo la dieta prescrita afectaría los diferentes tipos de metabolismo y cómo afectaría el sistema general de cada paciente. O puede comunicarse con un nutricionista local para responder preguntas y brindar comentarios, tal vez a través de Zoom.

En ambos escenarios, los estudiantes están construyendo importantes conocimientos de contenido científico y accediendo y respondiendo al texto del nivel, pero están haciendo mucho más que eso. Debido a que están inmersos en un entorno de aprendizaje diseñado universalmente, resuelven problemas, son creativos y trabajan juntos.

Habilidades profesionales y para la vida

El DUA nos brinda estrategias para desarrollar habilidades críticas para el mundo laboral y la vida de los estudiantes. Una de las Pautas nos recuerda que proporcionemos opciones para que los estudiantes colaboren con sus compañeros para generar compromiso. Cuando los estudiantes colaboran en un proyecto de grupo, realizan una obra de teatro juntos, completan un laboratorio de ciencias con sus compañeros o juegan un juego en clase para repasar para un examen final, están adquiriendo habilidades valiosas con el trabajo en equipo. Como cualquier habilidad, es importante proporcionar un andamiaje para apoyar a los equipos de estudiantes. Puede hacer esto enseñándoles a los estudiantes los comportamientos que son necesarios para ser un jugador de equipo eficaz.

Un estudio realizado por el *American Journal of Business Education* (Hobson et al., 2014), que examinó qué estrategias son más efectivas para enseñar trabajo en equipo en un programa de MBA, aplica perfectamente a la enseñanza de estudiantes de kínder al último año de secundaria. Hobson et al. comenzó el artículo afirmando: "Dado el uso casi universal de los equipos de trabajo en las empresas estadounidenses, tal vez ninguna habilidad sea más importante para los estudiantes de MBA que la facilidad para trabajar en equipo" (p. 191).

En su investigación, los autores crearon una herramienta (Tabla 5-2, más adelante en esta sección) para evaluar el trabajo en equipo de estos estudiantes de posgrado. Revisaron la literatura relevante sobre el trabajo en equipo y crearon una lista de comportamientos positivos y negativos que contribuyen a la eficacia de un equipo. Es beneficioso usar estas listas con sus estudiantes porque brindan opciones para la comprensión de los estudiantes al resaltar patrones y características críticas de equipos altamente funcionales (y aquellos comportamientos que realmente deben evitarse). Al igual que con cualquier habilidad nueva, es importante proporcionar niveles de apoyo graduales para que los estudiantes, independientemente de su edad y variabilidad, puedan practicar estas habilidades positivas con frecuencia y recibir retroalimentación orientada al dominio durante todo el proceso.

Primero, examinemos la lista de comportamientos que afectan negativamente la formación de equipos para que podamos ayudar a nuestros estudiantes (y tal vez a nosotros mismos o a nuestros colegas) a aprender a hacer frente si tienden a mostrar una de estas habilidades. Ahora, en plena divulgación, cuando leí por primera vez esta lista en la investigación, sentí que me encogía detrás de mi computadora. Definitivamente soy culpable de conversaciones paralelas de vez en cuando.

Sería benéfico para los estudiantes si compartiera esta lista con ellos para que se dieran cuenta de que comportamientos específicos pueden impedir que un equipo tenga éxito. Estos comportamientos limitan la iniciativa y la dirección de un equipo, afectan la calidad de las interacciones del equipo y afectan la responsabilidad que cada individuo tiene con el grupo. En resumen, estos comportamientos son barreras para los estudiantes que necesitan desarrollar habilidades profesionales y para la vida.

Comportamientos negativos del trabajo en equipo (Hobson et al., 2014, p. 196)

- No ofrece información verbal a la discusión del equipo.
- Interrumpe a un compañero de equipo que está hablando.
- Hace críticas despectivas y personalizadas a un compañero de equipo.
- Saca a colación un tema que no tiene ninguna relación con la discusión del equipo.
- Comienza una conversación paralela mientras un compañero de equipo está hablando.
- Acapara la discusión al no permitir que otros hablen.
- Se niega a comprometerse.
- Insiste en que su idea es la única correcta.
- Trata de manera inadecuada de crear una situación humorística.
- Es pesimista o negativo o se queja.

Una vez que sus alumnos sepan lo que no deben hacer, es importante resaltar las habilidades que necesitan para contribuir con éxito a su grupo (Tabla 5-2).

Tabla 5-2: Comportamientos positivos del trabajo en equipo (Hobson et al., 2014, p. 196)

Comportamiento	Conexiones al DUA
Escucha con atención (contacto visual, comprensión) cuando el compañero de equipo está hablando.	La escucha activa aumenta la comprensión y el procesamiento de la información y minimiza las distracciones cuando los compañeros de equipo comparten ideas.
Agrega algo a la idea de un compañero de equipo.	Construir sobre ideas fomenta la colaboración y la comunidad.
Da retroalimentación positiva a su compañero de equipo.	La retroalimentación positiva promueve expectativas y creencias que optimizan la motivación.
Pide cortésmente la opinión de un compañero de equipo callado.	Tomar esta iniciativa minimiza la amenaza y la distracción de un compañero de equipo que no participa y ayuda a construir una comunidad.
Ofrece información relacionada con la tarea durante la discusión del equipo.	Esta retroalimentación orientada al dominio mantiene al equipo comprometido y avanzando.
Toma notas sobre la discusión del equipo.	Tomar notas proporciona opciones para la representación y facilitará la capacidad del equipo para reflexionar. Además, un resumen destaca patrones, características críticas, grandes ideas y relaciones.
Intenta lograr resoluciones de conflicto en las que todos salgan ganando.	Construir un pensamiento integrador ayuda a los estudiantes a comprender la importancia de brindar opciones para satisfacer las necesidades de todos los miembros del equipo.
Mantiene al equipo enfocado y "encaminado".	Seguir una estrategia fortalece la función ejecutiva del equipo.

Tabla 5-2 continuada: Comportamientos positivos del trabajo en equipo (Hobson et al., 2014, p. 196)

Comportamiento	Conexiones al DUA
Busca clarificación haciendo preguntas o parafraseando.	Esto permite a los miembros del equipo aclarar ideas para realzar la prominencia de metas y objetivos o grandes ideas.
Llama a los compañeros de equipo por su nombre.	Conectarse a nivel personal fomenta la colaboración y la comunidad.
Resume las áreas de acuerdo y desacuerdo del equipo.	Este trabajo construye la autoevaluación y la reflexión del equipo y también guía el establecimiento de objetivos apropiados para los próximos pasos.
Critica constructivamente las ideas de los compañeros de equipo, no a la persona.	Esta retroalimentación orientada al dominio, cuando se entrega en una cultura que valora la retroalimentación, puede hacer avanzar a un equipo.
Utiliza el humor apropiadamente para ayudar al equipo a mantenerse relajado.	Esto minimiza las amenazas y proporciona una habilidad de afrontamiento eficaz.
Responde a una pregunta de un compañero de equipo.	Esta colaboración es una estrategia de afrontamiento que construye conocimiento colectivo.
Expresa empatía por los sentimientos de los compañeros de equipo.	Esto minimiza las amenazas y proporciona una habilidad de superación eficaz.

La lista de comportamientos positivos se puede utilizar de diversas maneras en su salón de clases. Si enseña en primaria, podría escribir dos libros o producir dos videos como clase, uno sobre un equipo que trabaja bien en conjunto y otro sobre un equipo que necesita ayuda. Hable de cómo se comportan unos con otros. Los estudiantes de primaria más avanzados podrían hacer lo mismo o podrían representar y crear obras de teatro sobre grupos efectivos y grupos que no son efectivos. Antes de trabajar en grupos, podrían revisar la lista de comportamientos positivos y establecer metas personales de acciones que quieren practicar durante el trabajo grupal. Los estudiantes de secundaria y preparatoria podrían tener la lista como un recurso mientras trabajan en grupos, y en varios puntos de control los grupos podrían reflexionar sobre los comportamientos, discutir su efectividad general como equipo y establecer una meta de grupo para los comportamientos en los que desean centrarse para mejorar el éxito de su equipo. Como con todas las cosas del DUA, las opciones son infinitas.

Como dejan en claro las listas de comportamientos positivos y negativos, convertirse en un jugador de equipo no es una tarea fácil. Dado que ser capaz de trabajar en un equipo es una carrera crítica y una habilidad para la vida para sus estudiantes, asegúrese de brindar opciones de colaboración con la mayor frecuencia posible al mismo tiempo que destaque los comportamientos positivos que permiten que los equipos sobresalgan. Esto no solo fomenta el trabajo en equipo, sino que también permite que los estudiantes tomen la iniciativa y la responsabilidad de su comportamiento en grupo.

Uno de los fundamentos del DUA es el aprendizaje colaborativo dirigido por los estudiantes, que requiere que los estudiantes asuman roles en sus equipos, tomen iniciativas colectivas, establezcan metas y creen estrategias para que puedan tener éxito. Esto ciertamente no sucederá de la noche a la mañana, pero con suficientes oportunidades para practicar, los estudiantes desarrollarán sus músculos de funciones ejecutivas y sabrán que todo lo que necesitan para tener éxito en un equipo ya está dentro de ellos.

Estas habilidades profesionales y para la vida no solo son cruciales para los estudiantes. Son importantes en nuestras carreras y vidas. Por un segundo, reflexione sobre cómo funciona su equipo. Puede ser su equipo del nivel, su departamento o su increíble CPA DUA. Si se atreve, comparta las listas de comportamientos en su próxima reunión de equipo y facilite una autoevaluación grupal sobre sus fortalezas. Esta es una gran oportunidad para que ejercite sus músculos de trabajo en equipo, cree metas y normas para futuras colaboraciones en equipo y tenga una conversación increíble sobre cómo transferir estas importantes habilidades a los estudiantes.

Productividad y responsabilidad

Para ser productivos en el mundo de hoy, los estudiantes deben utilizar la tecnología para desarrollar alfabetización digital, informática, de la información y de medios. Innumerables herramientas al alcance de los estudiantes pueden aumentar su eficiencia y productividad si saben cómo usarlas, pero como cualquier forma de alfabetización, estas habilidades deben ser reforzadas.

El Plan Nacional de Tecnología Educativa de 2016 (Departamento de Educación de Estados Unidos, 2016), titulado "Future Ready Learning" [Aprendizaje preparado para el futuro], enfatiza la importancia del DUA como un medio para personalizar el aprendizaje y como un marco para diseñar e implementar tecnologías educativas en formas efectivas y significativas. Como profesional del DUA, puede fomentar la alfabetización digital y mediática en los tres principios del DUA. Para aumentar la participación de los estudiantes y ayudarlos a mantener el esfuerzo y la persistencia, puede presentar numerosas herramientas digitales que los estudiantes pueden usar para colaborar en la nube.

Proporcionar a los estudiantes dispositivos digitales y opciones para explorar el contenido usando múltiples formas de representación también les da práctica con la alfabetización digital y mediática. Así como es importante leer libros para desarrollar la alfabetización temprana, también es importante estudiar textos como blogs, videos y aplicaciones para familiarizarse con la estructura y el propósito de las herramientas. Cuando brinda a los estudiantes opciones para desarrollar sus conocimientos previos, aprender nuevo vocabulario y desarrollar la comprensión en lo que solía ser charla unidireccional, se involucran y se dirigen a sí mismos, lo que le permite ser más eficiente y productivo al monitorear su progreso y dar retroalimentación orientada al dominio. Es un ganar-ganar del desarrollo de habilidades de última generación.

Por último, al brindar opciones para que los estudiantes utilicen estas tecnologías para expresar sus habilidades y conocimientos en tareas auténticas, se crea un entorno en el que se les anima a desarrollar la alfabetización digital en todas las asignaturas. Papel y lápiz, casi obsoletos, no tienen el mismo potencial.

Esperemos que ahora vea que, al implementar el DUA, también está enseñando estas habilidades de última generación que son fundamentales para el éxito de los estudiantes y también para su éxito. No somos expertos natos en estas habilidades; los aprendemos en el camino. ¿Sigue aprendiendo sobre más herramientas? ¡Eso es aún mejor! Puede modelar las características de un aprendiz experto mientras trabaja con especialistas en integración de tecnología para catapultar el aula de hoy a la próxima generación.

Resumen

Todas las habilidades de última generación encuentran su lugar en las Pautas del DUA. Cuando diseña universalmente su currículo, brinda opciones para que los estudiantes tengan la oportunidad de colaborar, desarrollar funciones ejecutivas y habilidades de autorregulación, y experimentar con múltiples herramientas para comunicar y desarrollar la alfabetización.

Preguntas para la reflexión

1. Revise todas las habilidades de última generación. ¿Cuáles son las habilidades de usted más fuertes? ¿Cuáles todavía quiere desarrollar o reforzar? ¿Cómo puede el DUA ayudarlo a desarrollar esas habilidades?

2. ¿Qué habilidades son las que más faltan en sus alumnos? Si sus estudiantes nunca desarrollan esas habilidades, ¿cómo afectará eso su futuro?

3. Después de revisar la lista de conductas positivas de trabajo en equipo, ¿cómo evaluaría la capacidad de sus alumnos para trabajar en equipo?

6

Objetivos firmes y la implementación del DUA

OBJETIVO FIRME: Comprenderá los dos tipos de estándares curriculares y cómo cada tipo se presta a diferentes estrategias del DUA.

FUNDAMENTOS: En este capítulo, quiero alentarlo a que examine sus estándares de enseñanza para determinar qué estándares fomentan la elección y cuáles tienen los medios de aprendizaje incorporados y requieren andamiaje. Esto facilitará el diseño de sus lecciones con el DUA.

Una posible crítica al DUA es que se enfoca demasiado en involucrar a los estudiantes y no lo suficiente en el rigor académico y el aprendizaje. Nada podría estar más lejos de la verdad. El DUA es un proceso de diseño de currículo proactivo y riguroso que comienza con la alineación basada en estándares. Todos los profesores tienen metas y estándares para sus alumnos. Para tener éxito, los estudiantes necesitan dominar esas metas. Para garantizar que los estudiantes tengan oportunidades equitativas para hacer esto, es necesario diseñar el plan de estudios con esos objetivos firmes en mente.

Ahora, puede estar pensando que sus estándares son demasiado difíciles para sus estudiantes, pero tiene que trabajar para cambiar esa forma de pensar. Aprender de un plan de estudios apropiado para el nivel no es un privilegio. Es un derecho de todos los estudiantes. Que parezcan preparados es irrelevante. Es nuestro trabajo como profesores llenar los vacíos de los estudiantes para que puedan tener un curso desafiante con rigor académico.

> *Aprender de un plan de estudios apropiado para el nivel no es un privilegio. Es un derecho de todos los estudiantes. Que parezcan preparados es irrelevante. Es nuestro trabajo como profesores llenar los vacíos de los estudiantes para que puedan tener un curso desafiante con rigor académico.*

Shelley Moore es educadora, consultora reconocida internacionalmente y defensora de las colocaciones inclusivas. Tiene una serie de videos llamada *Five Moore Minutes* [Cinco minutos de Moore], donde examina prácticas para ayudar a los educadores a enseñar a todos los estudiantes en 5 minutos o menos. (Puede acceder a estos videos en fivemooreminutes.com. En un video, "The Importance of Presuming Competence" [La importancia de presumir competencia], Moore (2021) argumenta: "Una de las primeras respuestas que escucho cuando abogo por la inclusión es 'Sí, pero no pueden. No saben leer. No saben hablar. No saben comportarse'. La mejor manera de superar esta barrera es presumir competencia".

Presumir competencia es dar a todos los estudiantes el beneficio de la duda y creer que son capaces de alcanzar altos niveles de éxito (Biklen y Burke, 2006). Cuando los estudiantes con necesidades de apoyo de moderadas a significativas son incluidos en un salón de clases de educación general, los profesores no pueden saber el potencial de un estudiante o la dirección que tomarán sus vidas. "Esta situación exige una especie de pacto entre profesor y alumno para elegir la postura más optimista posible" para impactar positivamente los resultados de la educación inclusiva (Biklen y Burke, 2006, p. 172).

Esto también está relacionado con el concepto de la *suposición menos peligrosa*. Anne Donnellan (1984), una investigadora muy respetada en educación especial, ha argumentado que las decisiones educativas deben tomarse de modo que, si son incorrectas, tengan los efectos menos peligrosos en los resultados de los estudiantes. Ella sugiere que la suposición menos peligrosa es que cuando los estudiantes no aprenden, es debido a una falla en la instrucción, no a un déficit estudiantil. Esta mentalidad desafía a los educadores a reconocer las barreras educativas y eliminarlas a través del diseño mientras ven a los estudiantes a través de una lente basada en activos. Asumir que la competencia hace que nuestro lenguaje pase de "no pueden" a "de esta manera no funciona, por lo que debemos encontrar otro camino porque ellos pueden".

Integrated Comprehensive Systems for Equity (ICS Equity; se puede traducir como Sistemas Integrales Integrados para la Equidad) es una organización que promueve un enfoque de sistemas para eliminar las desigualdades para todos los estudiantes. El sistema está construido sobre una base de cuatro valores no negociables de equidad: centrarse en la equidad, alinear al personal y a los estudiantes, transformar la enseñanza y el aprendizaje, y aprovechar las políticas y el financiamiento. A menudo, cuando los distritos escolares se preparan para implementar el DUA, se enfocan en transformar la enseñanza y el aprendizaje, pero sin otras estructuras y apoyos en el lugar, no ocurrirá una verdadera transformación para todos los estudiantes. ICS Equity proporciona un modelo paso a paso para ayudarnos a garantizar que nuestras escuelas y sistemas sean capaces de respaldar y ampliar las mejores prácticas como el DUA. El primer pilar nos recuerda:

"Cambiar el sistema para eliminar las desigualdades comienza con nosotros mismos. El sistema es responsable de la prevención del fracaso estudiantil" (ICS Equity, 2022). Piense en el poder de esa declaración. Si queremos que todos nuestros estudiantes tengan éxito, debemos asumir competencia y operar con la suposición menos peligrosa: que somos capaces de proporcionar a cada estudiante, independientemente de la variabilidad, una educación rigurosa, basada en estándares y diseñada universalmente.

Si no logramos construir los cimientos de este primer pilar, muchos de nuestros estudiantes nunca podrán acceder a la educación que merecen. Creer en la equidad no es una panacea, pero es un comienzo. Debe centrarse en la equidad y mantener altas expectativas para todos los estudiantes antes de poder comenzar a transformar la enseñanza y el aprendizaje.

Un estudio interesante en las escuelas intermedias urbanas en el área metropolitana de Filadelfia analizó la importancia de enseñar los estándares del nivel a los estudiantes que tienen dificultades. Los investigadores estudiaron las diferencias entre las escuelas de alto rendimiento y las escuelas de bajo rendimiento y descubrieron una diferencia clave en cómo los diferentes tipos de escuelas respondían a los estándares (Brown et al., 2004). En respuesta a las preguntas "¿Enseña un currículo basado en estándares en esta escuela?" y "¿Cómo se siente al hacer esto?", los profesores de las escuelas de alto rendimiento respondieron que los estándares respaldaban lo que ya hacían en sus aulas. Por el contrario, los profesores de las escuelas de bajo rendimiento informaron que los estándares les fueron impuestos por un sistema que no tuvo en cuenta las habilidades de los estudiantes (o la falta de ellas). Estas escuelas tenían poblaciones estudiantiles similares. El estudio mostró que las escuelas de alto rendimiento tenían un plan de estudios alineado con los estándares y profesores que creían que todos los estudiantes podían tener éxito. Estos profesores se enfocaron en la equidad. Este mensaje sin duda fue comunicado a los estudiantes en el plan de estudios.

***

En este punto, tiene una comprensión básica de las Pautas del DUA, tiene algunas opciones para reclutar estudiantes en su entorno de aprendizaje y se da cuenta de la importancia de incorporar habilidades de última generación en su práctica. También sabe que necesita enseñar estándares propios del nivel a los estudiantes que tal vez no puedan acceder a ellos por su cuenta. Es posible que se pregunte cómo planificar lecciones rigurosas para ayudar a sus alumnos a cumplir con los estándares. ¿Por dónde empieza? Puede comenzar con un simple cambio de práctica de inmediato que pondrá las cosas en marcha.

Una de las estrategias más poderosas es familiarizarse con los estándares de su país en su área de dominio. La capacidad de respuesta a los estándares es importante porque los estándares aseguran que los estudiantes reciban una educación rigurosa y equilibrada. Los estándares de su país incluyen todo el contenido y las habilidades que los estudiantes necesitarán para tener éxito en el mundo como adultos, por lo que es muy importante que nosotros, como educadores, entendamos completamente cuáles son los estándares para que podamos ayudar a los estudiantes a cumplirlos.

Dado que el DUA es un diseño de currículo basado en estándares, debemos comenzar con los estándares. Si es posible, saque sus estándares y téngalos frente a usted, porque este proceso es más fácil si sus estándares son accesibles. A medida que lea sus estándares, notará que algunos de ellos requieren que los estudiantes tengan un conocimiento específico, mientras que otros requieren que completen tareas específicas. Esta es la diferencia entre estándares de contenido y estándares de método, o estándares con tareas o medios específicos integrados. La diferencia entre los dos tipos de estándares debe entenderse porque cada tipo de estándar se presta para diferentes estrategias del DUA. Al planificar la instrucción, querrá determinar si su estándar es un estándar de contenido o un estándar de método. Los estándares de contenido son aquellos que muestran que un estudiante ha alcanzado el conocimiento. Por ejemplo, es posible que sus estudiantes necesiten saber qué es la fotosíntesis y cómo funciona, saber qué inició la Guerra Mundial o ser capaces de comparar y contrastar dos obras de arte diferentes.

Los estándares de método, por otro lado, demuestran que un estudiante ha aprendido cómo hacer algo y ha adquirido una habilidad. Estos estándares están orientados a la acción: es posible que sus alumnos necesiten saber cómo dividir con puntos decimales, conjugar verbos irregulares, realizar una serie de pasos para un experimento científico o escribir una respuesta a un documento de fuente principal.

Al mirar el primer verbo en un estándar, a menudo puede identificar si el estudiante tendrá que aprender un concepto o realizar una habilidad. Note la diferencia entre los verbos en la Tabla 6-1.

Tabla 6-1: Verbos para estándares de contenido y método

Los estándares de contenido a menudo comienzan con	Los estándares de método articulan resultados específicos
Explicar	Escribir
Entender	Resolver
Comunicar	Hacer gráficos
Resumir	Conversar
Comparar y contrastar	

El nivel de opciones proporcionadas estará determinado por el estándar. La próxima vez que se encuentre revisando un estándar, no saque una conclusión rápida acerca de cómo su evaluación tradicional es la única forma de medir el progreso. En su lugar, pregúntese: "¿Hay alguna otra forma en que mis alumnos puedan demostrarme que han cumplido con este estándar?". A veces la respuesta será no, pero la mayoría de las veces, la respuesta es sí.

Estándares de contenido y estrategias del DUA

Ahora que conoce los dos tipos diferentes de estándares, es hora de enfocarse en cómo abordar el diseño de lecciones para cada tipo usando los principios del DUA. Los *estándares de contenido* identifican el conocimiento o la comprensión que los estudiantes necesitan desarrollar para tener una buena educación. A menudo incitan a los estudiantes a explicar, comprender, comparar y contrastar, identificar y resumir.

Analicemos este estándar de contenido matemático elemental: "Dado un número de dos dígitos, encuentre mentalmente 10 más o 10 menos que el número, sin tener que contar; explique el razonamiento utilizado." Tenga en cuenta que el estándar no requiere que los estudiantes escriban su explicación en una prueba cronometrada o hagan un video donde compartan su explicación. "Explicar" es flexible, por lo que puede proporcionar opciones y alternativas sobre cómo los estudiantes explican su razonamiento. Este sería un excelente lugar para insertar un tablero de elección donde brinde opciones sobre cómo los estudiantes pueden compartir lo que saben. Además de brindar opciones para la evaluación, también puede ser útil brindarles a los estudiantes la opción de usar raíces de oraciones para explicar su razonamiento y/o proporcionar un banco de palabras que pueda ayudarlos a explicar su proceso.

La mayoría de los profesores encuentran que los tableros de elección son divertidos de planificar porque requieren de la creatividad de los estudiantes y, a menudo, el trabajo de los estudiantes lo dejará boquiabierto. He escuchado incontables veces, "No puedo creer que los estudiantes pongan tanto tiempo y esfuerzo en esto. Era solo una tarea de clase". La cuestión es que los estudiantes quieren participar, pero necesitan estar emocionados de aprender. Cuando tienen una opción, se sienten empoderados y quieren ser dueños de su tarea (¡más sobre esto en el próximo capítulo!).

Proporcionar a los estudiantes opciones para expresar su aprendizaje les permite desarrollar habilidades profesionales y para la vida y habilidades de aprendizaje e innovación. Primero, los estudiantes deben tomar la iniciativa y establecer una meta para su evaluación seleccionando la opción que mejor les funcione. Como siguiente paso, tienen la oportunidad de desarrollar la función ejecutiva a medida que crean su estrategia y determinan qué materiales necesitarán para tener éxito. Las opciones también permiten a los estudiantes ser creativos, colaborar con sus compañeros y comunicarse de manera innovadora.

Las tareas de elección realmente incentivan la participación de los estudiantes. Las Pautas del DUA recuerdan a los docentes que deben proporcionar opciones para captar el interés y señalan la importancia de optimizar la elección y la autonomía individuales. Esto aumenta el valor de la tarea. Por último, los estudiantes deben sentirse cómodos eligiendo la opción que les resulte más atractiva. Si a un estudiante le encanta cantar, por ejemplo, necesita saber que los estudiantes no se reirán ni se burlarán de su presentación. Establecer una cultura de aula donde los estudiantes se respeten entre sí permite que los estudiantes tomen riesgos. Pasar un poco de vergüenza tampoco duele tanto. Si está dispuesto a pararse frente a la clase y cantar un rap sobre la fotosíntesis, es probable que otros estudiantes sigan su ejemplo. Además de las opciones como escribir una respuesta, grabar una respuesta en video o en audio, o realizar una evaluación tradicional, considere incorporar algunas opciones de evaluación innovadoras.

	Usar las redes sociales. Pida a los estudiantes que creen una página de redes sociales para resumir su comprensión sobre un tema. Puede hacer que incluyan actualizaciones de estado, imágenes, comentarios, clics de "me gusta", etc. Los estudiantes pueden agregar imágenes reales a su página o pueden hacer dibujos de conceptos, diagramas, etc. Pueden crear la página como ellos mismos o como un personaje literario o histórico. Un objeto inanimado, como una estrella, podría incluso tener una página de redes sociales.
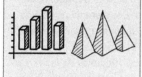	**Incorporar el arte.** A los estudiantes artísticos les encantará crear infografías, novelas gráficas, representaciones artísticas y tiras cómicas que examinen el contenido en estudio. ¡Anime a los estudiantes a que usen sus materiales de arte o se digitalicen!
	Escribir libros para niños. A algunos estudiantes les encanta diseñar, escribir e ilustrar libros infantiles sobre temas complejos. Aunque un libro para niños puede parecer elemental para los estudiantes mayores, pedirles que evalúen a su audiencia y expliquen un proceso en términos simples requiere un pensamiento de orden superior y una verdadera comprensión del tema. Una forma de hacer que esto sea más atractivo es ponerse en contacto con profesores de escuelas primarias en el distrito y preguntarles si les gustaría leer los libros en sus clases. Mejor aún, tal vez sus alumnos puedan hacer una excursión y leer los libros a los alumnos, o podría hacer una grabación en video de ellos leyendo el texto.

Escribir poesía. Los profesores pueden dar a los estudiantes la opción de escribir poesía para expresar su comprensión de los conceptos durante toda la asignatura. Imagine un soneto de Shakespeare sobre la aceleración en una clase de física. Permita que las humanidades y las ciencias se mezclen. También puede hacer que los estudiantes escriban un poema con una voz que no sea la suya. Los estudiantes pueden elegir escribir con la voz de alguna figura histórica, con la voz de un científico, con la voz de alguien que conocen o con la voz de un personaje de una historia o película. Incluso los jóvenes estudiantes podrían escribir un haiku y practicar el conteo de sílabas de paso.

Escribir una carta. Pida a los estudiantes que escriban una carta formal a alguien sobre el contenido que están estudiando. Por ejemplo, si enseña economía, podría pedirles a los estudiantes que escriban una carta formal al propietario de un apartamento alquilado sobre los principios de la oferta y la demanda. En ciencias, los estudiantes podrían escribir una carta a un piloto de carreras, explicando cómo la aceleración no solo es avanzar sino también retroceder y girar.

Hacer su propia evaluación. Oiga, esto puede ser egoísta, pero es una gran idea. Como una opción, puede pedir a los alumnos que creen una evaluación que se pueda aplicar al final de la unidad. Podrían escribir problemas de matemáticas, escribir problemas de palabras, crear una prueba de vocabulario o crear su propia evaluación DUA. Como parte de la evaluación, también deben enviar la respuesta correcta. Para hacerlo más atractivo, puede elegir la mejora para usarla con la clase al final de la unidad. El "premio" puede ser que los estudiantes ganadores ya sepan todas las respuestas del examen y les vaya muy bien. Es una gran oportunidad para que los estudiantes aprendan el plan de estudios, ¡y también para no tener que crear la prueba usted! A los estudiantes también les encanta tomar las pruebas de los demás.

Una crítica común de dar opciones a los estudiantes es que los estudiantes elegirán las mismas actividades para cada tarea. Es posible que tenga un estudiante al que le encanten las tarjetas didácticas, por lo que siempre que necesiten recordar contenido nuevo, elijan ese método. Eso no es problema. Si el niño demuestra competencia con el estándar elegido, ese niño está aprendiendo. Se siente confiado y ha aprendido una estrategia que le funciona. Eventualmente, probablemente se cansará de la estrategia de la tarjeta didáctica y elegirá otra; como su profesora, sin duda podría alentarlo a elegir otras opciones. Eso es lo bueno del DUA. Es una forma flexible de enseñar y apoyar a los estudiantes.

Valoración de las evaluaciones flexibles

Con tantas opciones para que los estudiantes expresen sus conocimientos, es posible que se pregunte cómo evaluar su trabajo. Una excelente manera de hacer esto es usar calificaciones basadas en estándares. Cuando planifica la clase, la alinea con un estándar. Cuando los estudiantes completan una evaluación, debe determinar si su desempeño excedió, cumplió o no cumplió con el estándar. Si utiliza informes basados en estándares, es posible que ya tenga una rúbrica, pero si no es así, puede encontrar útiles las siguientes opciones.

Una opción es crear una rúbrica de calificación, que incluya una descripción del trabajo que cumpliría con las expectativas de la evaluación. Una *rúbrica* es una herramienta de calificación que identifica los diversos criterios relevantes para un resultado de aprendizaje y luego establece explícitamente los posibles niveles de logro a lo largo de un continuo.

Cuando se trata de rúbricas, tiene tres opciones: holísticas, analíticas y de punto único. La *rúbrica holística* generalmente brinda un rango de desempeño como de "Superior a En desarrollo", "1 al

10", o del "5 al 10". Como su nombre lo indica, está evaluando toda la tarea y juzgando qué tan bien cumple con los objetivos. Esto se puede usar independientemente de cómo los estudiantes expresen su comprensión, por lo que se presta bien al DUA. La siguiente rúbrica es un ejemplo de una rúbrica holística que creé para un curso de posgrado que enseño en la Universidad de Pensilvania centrado en la implementación del DUA.

Como puede ver, esta rúbrica es un reflejo de la tarea como un todo; para que sea valioso para el alumno, necesitaría agregar comentarios adicionales para que alguien que reciba un 1 o un 2 sepa exactamente qué hacer durante el proceso de revisión.

3	El producto modela una comprensión del DUA (discute con precisión la variabilidad, los objetivos de la empresa y el aprendizaje experto y los principios del DUA), cita evidencia de los recursos de la unidad y está claramente organizado.
2	El producto modela una comprensión emergente del DUA, pero no se conecta a los recursos de la unidad y/o el producto carece de organización.
1	El producto aún no modela una comprensión del DUA. o El producto modela una comprensión emergente del DUA, pero aún no establece conexiones sobre cómo los recursos de la unidad impactaron la comprensión y carece de organización.

La *rúbrica analítica* es más específica que la rúbrica holística porque divide los criterios de éxito para que pueda evaluar cada componente individual. Si la rúbrica anterior fuera rediseñada como una rúbrica analítica, podría tener el siguiente aspecto.

	3	2	1
Comprensión del DUA	El producto modela una comprensión del DUA (discute con precisión sobre la variabilidad, los objetivos firmes, el aprendizaje experto y los principios del DUA).	El producto modela una comprensión emergente del DUA.	El producto aún no refleja una comprensión emergente del DUA.
Cita evidencia	La respuesta cita claramente la evidencia de los recursos de la unidad para apoyar la comprensión del DUA.	La respuesta alude a los recursos de la unidad, pero no cita ni acredita recursos específicos con el desarrollo de la comprensión.	La respuesta aún no establece conexiones con la forma en que los recursos de la unidad afectaron la comprensión del DUA.
Organización efectiva	La respuesta está organizada en una secuencia lógica que fluye naturalmente y es atractiva.	La respuesta está organizada para que la audiencia pueda seguirla con una dificultad mínima.	La organización se beneficiaría de una revisión.

La rúbrica analítica proporciona información más específica sobre los puntos fuertes de la tarea, así como una guía para la revisión. Las rúbricas analíticas, sin embargo, a veces pueden ser abrumadoras para los estudiantes. Con esto en mente, nació la rúbrica de punto único.

La *rúbrica de punto único (RPU)* presenta una métrica de desempeño, generalmente la métrica "competente" en una rúbrica analítica, y permite agregar retroalimentación personaliza.

Todavía no, pero casi.	¡Ya lo tienes!	Excelente
	El producto modela una comprensión del DUA (discute con precisión sobre la variabilidad, los objetivos firmes, el aprendizaje experto y los principios del DUA).	
	La respuesta cita claramente la evidencia de los recursos de la unidad para apoyar la comprensión del DUA.	
	La respuesta está organizada en una secuencia lógica que fluye naturalmente y llama la atención.	

Las RPU se crearon originalmente como una herramienta de evaluación formativa para que los estudiantes se autoevalúen y aún pueden y deben usarse las RPU para ese propósito.

Como herramienta de autoevaluación, una RPU puede hacer que el proceso sea más fácil y rápido al limitar la cantidad de criterios que deben revisarse. El tema de las RPU ha sido tendencia en los últimos años porque las RPU a) son más rápidos de hacer y brindan retroalimentación de mayor calidad, y b) pueden ayudar a los estudiantes a concentrarse más en el aprendizaje experto en lugar de las calificaciones.

Independientemente del tipo de rúbrica que diseñe, asegúrese de que se alinee con los objetivos firmes y que pueda usar la misma rúbrica independientemente de las opciones de tareas. Por ejemplo, la palabra *producto* en las tres rúbricas anteriores podría referirse a una reflexión escrita, visual, de video, en audio, etc.

El DUA se trata de proporcionar opciones y alternativas para que los estudiantes puedan convertirse en aprendices expertos. Los estudiantes no pueden convertirse en aprendices expertos sin múltiples opciones de compromiso, representación, acción y expresión. Además, los estudiantes no pueden convertirse en aprendices expertos si se concentran demasiado en la calificación final y no lo suficiente en el proceso de aprendizaje. Una parte importante de todo esto es la retroalimentación de los profesores, que puede proporcionar una excelente rúbrica.

Estándares de método y estrategias para el DUA

El siguiente tipo de estándar es el *estándar de método*, también conocido como estándar con los medios, o las habilidades, incorporados. Algunos estándares señalan exactamente lo que un estudiante debe ser capaz de hacer. En matemáticas, los estudiantes deben resolver ecuaciones usando ciertas fórmulas; en lenguaje, los estudiantes tienen que escribir narraciones; en educación física, los estudiantes deben tomar pruebas de aptitud física; en ciencias, los estudiantes deben seguir procedimientos específicos de varios pasos. Cuando los estudiantes deben dominar una habilidad específica, las Pautas del DUA alientan a los profesores a brindar opciones para que los estudiantes activen sus conocimientos previos, proporcionen modelos y rúbricas, y brinden retroalimentación orientada al dominio. Juntas, estas prácticas proporcionan un andamiaje invaluable para los estudiantes.

La teoría original de la instrucción con andamiaje surgió de la teoría de la zona de desarrollo próximo de Vygotsky (1978), la distancia entre el nivel de desarrollo real de un alumno y su nivel de desarrollo potencial determinado por la guía de un individuo con más conocimientos (¡usted!). En pocas palabras, es la diferencia entre lo que un estudiante puede lograr solo y lo que ese mismo estudiante puede lograr con el apoyo de un profesor eficaz. Con esto en mente, puede diseñar su plan de estudios con un andamiaje enriquecido para ayudar a los alumnos. El andamiaje es importante para estudiantes diversos cuando incorpora cuatro características clave: participación activa, intersubjetividad, diagnóstico continuo y transferencia de la responsabilidad (Puntambekar y Hübscher, 2005). Las cuatro características se relacionan directamente con el DUA.

La *participación activa* se refiere no solo a los estudiantes sino también a los profesores. Para que los estudiantes tengan éxito, los profesores deben participar activamente en el diseño y la entrega del plan de estudios, presentando lecciones y brindando retroalimentación valiosa, mientras los estudiantes trabajan para expresar su conocimiento.

> *Usted conoce a sus alumnos mejor que nadie, así que use las técnicas de andamiaje que sean útiles y relevantes para ellos.*

La *intersubjetividad* es una característica importante porque aclara la importante relación entre usted como profesor y sus alumnos. Cuando piensa en esa relación, a veces le da escalofríos. Este es el por qué. Tus estudiantes lo necesitan para construir conocimiento, no a alguien al final del pasillo, no a sus padres, sino a usted. Sus estudiantes desarrollan conocimiento porque usted, como individuo con más conocimientos, brinda opciones para que todos accedan al contenido y las habilidades de una manera atractiva que los ayuda a aprender. Usted conoce a sus alumnos mejor que nadie, así que use las técnicas de andamiaje que sean útiles y relevantes para ellos. Un profesor de primer grado necesita proporcionar andamios muy diferentes a los de un profesor universitario, pero tienen algo en común. Ambos profesores examinan la tarea de aprendizaje y sus alumnos y diseñan sugerencias, consejos y sabiduría cotidiana para impulsar a los alumnos desde el nivel en el que se encuentran hasta el nivel más alto que pueden alcanzar. Eso es algo emocionante.

El *diagnóstico continuo* le permite aumentar el volumen de retroalimentación orientada al dominio y brindar la instrucción diferenciada. Construir andamios en el proceso de diseño del currículo libera mucho tiempo para proporcionar esa retroalimentación rica y significativa que los estudiantes necesitan. Con frecuencia, le dedicamos gran parte del tiempo de la clase a responder las preguntas de los estudiantes sobre el formato de las tareas. Si proporciona ejemplos, rúbricas y listas de verificación y permite que los estudiantes trabajen en colaboración, ha eliminado innumerables preguntas y puede dedicar tiempo de clase a ayudar a los estudiantes a mejorar y profundizar su comprensión de los temas en lugar de responder "¿Cuánto tiempo tiene que durar esto?" 15 veces.

La *transferencia de la responsabilidad* es clave porque, en última instancia, los estudiantes deben completar el trabajo de forma independiente. Esta liberación de responsabilidad permite a los estudiantes desarrollar fluidez con niveles graduados de apoyo para la práctica y el desempeño. Algunos profesionales escuchan sobre el DUA y cuando notan su enfoque en el trabajo colaborativo, lo descartan diciendo: "Bueno, cada estudiante tiene que rendir su propia prueba al final del año, así que no hacemos muchas tareas en grupo". La colaboración es solo un punto en el continuo antes de que los estudiantes puedan completar su propio trabajo y una habilidad necesaria para el éxito de la próxima generación. Esto puede recordarles a algunos de ustedes el continuo "Yo quiero, nosotros hacemos, ustedes hacen".

A medida que los estudiantes se alejan del aprendizaje dirigido por el profesor y comienzan a autodirigir su propio aprendizaje, comienzan a internalizar los conceptos del aprendizaje. Trabajar con compañeros ayuda a internalizar aún más este conocimiento.

Para transferir la responsabilidad a los estudiantes, el primer paso es modelar las habilidades que se espera que los estudiantes dominen y explicar explícitamente lo que está haciendo, proporcionando ejemplos de trabajo si es necesario. Después de verlo modelar, los estudiantes pueden practicar las habilidades en grupos colaborativos. El paso final es que los estudiantes trabajen individualmente para realizar las tareas de aprendizaje necesarias.

En resumen, el andamiaje no se trata solo de repartir una rúbrica y permitir que los estudiantes trabajen en grupos. Se trata de involucrarse con los estudiantes a medida que construyen el conocimiento, trabajar con ellos para cerrar la brecha entre dónde están y dónde pueden estar, brindar retroalimentación a lo largo de una lección y transferirles la responsabilidad para que puedan completar el trabajo de forma independiente. La instrucción diseñada universalmente agrega andamios y apoyo para el enriquecimiento y el desafío. Cuando está pensando en diseñar instrucciones con los estándares de método en mente, puede ser útil identificar los tres tipos de andamios (Tabla 6-2) para que pueda considerar cuál pone a disposición de todos los alumnos.

Tabla 6-2: Ejemplos de tres tipos diferentes de andamios

Lingüístico	Conceptual	Sociocultural
★ Proporcionar bancos de palabras. ★ Utilizar marcadores de inicio. ★ Enseñar vocabulario previamente. ★ Dar instrucciones escritas y verbales para las actividades.	★ Modelar (es decir, lo hago, lo hacemos, lo haces). ★ Proporcionar elementos visuales para los conceptos. ★ Crear mapas conceptuales.	★ Organizar la instrucción en parejas o en grupos pequeños. ★ Fomentar la revisión por pares. ★ Facilitar el debate y la colaboración.

Lingüístico	Conceptual	Sociocultural
★ Proporcionar soporte en video y audio en lugar de que los estudiantes dependan de los textos. ★ Proporcionar instrucciones para tomar notas.	★ Proporcionar organizadores gráficos, rúbricas y ejemplos. ★ Usar guías de estudio y/o hojas de revisión.	★ Formar grupos colaborativos. ★ Dar retroalimentación dirigida a los estudiantes (¡usted es el andamio!).

Independientemente del tipo de estándar, el DUA considera cuatro componentes curriculares, que conforman una experiencia de aprendizaje completa. Los educadores tienen muchas opciones y alternativas sobre cómo formatear el diseño de su unidad. La Tabla 6-3 es solo un ejemplo. Independientemente del formato que utilice, todos los planes del DUA consideran objetivos, métodos, materiales y evaluaciones. Notará que, en el siguiente ejemplo, usted diseña su unidad considerando primero las metas y luego diseñando evaluaciones antes de considerar métodos y materiales. Este diseño inverso se relaciona con el marco de la Comprensión por Diseño (CpD). El uso conjunto del DUA y la CpD garantiza que el diseño retrospectivo del currículo satisfaga las necesidades de todos los alumnos.

Esta herramienta puede ayudarlo a reflexionar sobre su lección y unidades para determinar si todos los estudiantes tienen acceso equitativo a los métodos, materiales y evaluaciones que necesitan para compartir su aprendizaje mientras trabajan con las mismas metas firmes que sus compañeros. En las aulas de diseño universal, siempre hay opciones y alternativas, pero esas opciones pueden verse diferentes según el tipo de estándar, el área de contenido y el nivel de grado de los estudiantes.

Tabla 6-3: Un ejemplo del formato del diseño de una unidad

	Explicación DUA	Preguntas para la reflexión
Metas	Todas las lecciones del DUA comienzan con un objetivo firme, basado en estándares articulados. Determine si las metas son estándares de contenido o de método.	★ ¿Cuáles son sus objetivos firmes? ★ ¿Está trabajando para lograr estándares de contenido o de método? ★ ¿Permiten sus objetivos múltiples formas de representación y/o acción y expresión?
Evaluaciones	Examine la meta y considere si hay más de una forma de alcanzar la meta. Enumere todas las diferentes formas en que los estudiantes podrían potencialmente "mostrar" que alcanzaron la meta. Es importante crear una rúbrica que evalúe todas las opciones.	★ A lo largo de la unidad, ¿hay oportunidad para evaluaciones formativas, sumativas y de diagnóstico? ★ ¿Tienen los estudiantes la opción de cómo expresar su aprendizaje a medida que todos trabajan hacia objetivos firmes, especialmente en las evaluaciones formativas y de diagnóstico? ★ Mientras los estudiantes comparten lo que saben, ¿hay andamios disponibles para ellos?
Métodos	Hay múltiples formas en que los estudiantes pueden aprender contenido, crear información de fondo y explorar el conocimiento y las habilidades en estudio. Proporcione a los estudiantes opciones sobre cómo aprenden.	★ ¿Tienen los estudiantes la posibilidad de elegir cómo desarrollarán el conocimiento y accederán a los recursos?

	Explicación DUA	Preguntas para la reflexión
Materiales	Establezca un paquete de recursos para que los estudiantes elijan. Ofrezca un paquete de organizadores gráficos, apuntes matemáticos, ejemplos, etc. No exija que todos los estudiantes usen los mismos materiales para aprender y expresar lo que saben.	★ ¿Tienen los estudiantes el poder de elegir las herramientas que usarán para aprender el contenido o contestar la evaluación?

Resumen

Si examina sus estándares de cerca, notará que algunos se enfocan en que los estudiantes adquieran conocimientos, mientras que otros se enfocan en que los estudiantes demuestren habilidades específicas. Para aprovechar al máximo su práctica del DUA, es importante determinar cómo alinear los estándares con las diferentes Pautas del DUA a medida que planifica sus lecciones.

Preguntas para la reflexión

1. Si se le preguntara "¿Enseña un currículo basado en estándares en esta escuela?" y "¿Cómo se siente al hacerlo?", ¿cuál sería su respuesta y por qué?

2. Al examinar sus estándares, ¿tiene más estándares de contenido o estándares de método? ¿Cambia eso la forma en que ve su proceso de diseño curricular?

3. ¿Se siente más cómodo enseñando a los estudiantes mediante una instrucción con alternativas o con andamios? ¿Por qué?

7

Desempacar la elección
y la voz

*OBJETIVO FIRME: Comprenderá por qué es fundamental brin-
darles a los estudiantes opciones y alternativas limitadas para
que puedan acceder y persistir en el aprendizaje del nivel con
sus compañeros mientras desarrollan habilidades de aprendizaje experto.*

*FUNDAMENTOS: Como practicantes del DUA, debemos saber
por qué la elección es fundamental para la participación de
los estudiantes y el aprendizaje experto, al mismo tiempo que
reconocemos que demasiadas opciones pueden crear barreras adicionales para el aprendizaje. Este capítulo explorará la
investigación sobre las elecciones, parálisis de elección y cómo
garantizar que todos los estudiantes se vuelvan más reflexivos y
expertos en su aprendizaje.*

El DUA a menudo se caracteriza por su compromiso con la elección y la voz, pero esa definición es demasiado simplista y no
abarca los matices del marco. Una de las críticas al DUA es que

hay un énfasis excesivo en la elección al servicio de los estilos o preferencias de aprendizaje. De hecho, algunos defensores del DUA enfatizan erróneamente las preferencias personales como la razón para proporcionar opciones. Pero abordemos esto de frente. Primero, como compartí anteriormente, no existen los estilos de aprendizaje, y tomar decisiones basadas en los "estilos de aprendizaje" percibidos no conduce a mejores resultados de aprendizaje (American Psychological Association, 2019). Entonces podemos descartar el rumor de que el DUA tiene que ver con los estilos de aprendizaje.

La necesidad de elección tampoco está vinculada explícitamente a las preferencias de aprendizaje, sino más bien a un mayor compromiso y a la importancia del aprendizaje experto, que abarca muchos de los componentes centrales del aprendizaje socioemocional, incluida la autoconciencia, la autogestión y la toma de decisiones. Una amplia investigación muestra que dar opciones a los estudiantes aumenta el compromiso, la motivación, la persistencia y la "aceptación". También muestra que los estudiantes dedican más tiempo y esfuerzo a sus tareas de aprendizaje cuando se les ofrecen opciones y que tener opciones los ayuda a desarrollar otras habilidades importantes, como la autorregulación (Patall et al., 2010).

"The Importance of Student Choice Across All Grade Levels" [La importancia de la elección para los estudiantes en todos los niveles de grado], un artículo publicado en *Edutopia*, comparte la importancia de la elección de los estudiantes para apoyar las habilidades de aprendizaje experto (Merrill y Gonser, 2021):

> Al centrar la elección, los educadores señalan la apertura para negociar el término medio y ofrecen a los estudiantes oportunidades de andamiaje para practicar la toma de decisiones, explorar su identidad académica y conectar su aprendizaje con intereses y pasiones. Puede ser un cambio de mentalidad relativamente pequeño pero consecuente—en lugar de asignar a los estudiantes compañeros, por ejemplo, puede dejarles elegir si

trabajar solos o con un compañero—que, en última instancia, reconozca y respete su humanidad y reconozca la importancia fundamental de agencia.

La agencia estudiantil es crítica para que ocurra un aprendizaje más profundo y eso es lo que queremos, ¿no? Nuestro objetivo como educadores es garantizar que todos los estudiantes aprendan profundamente y sepan cómo aplicar ese aprendizaje a los problemas que importan. Para eso, necesitamos que los estudiantes desarrollen agencia y se conviertan en aprendices expertos, lo que no sucederá si siempre les estamos diciendo exactamente lo que creemos que deben hacer. El autor y educador Sean Michael Morris (2017) ofrece una hermosa definición de agencia:

> La agencia no nos da poder sobre otro, pero nos da dominio sobre nosotros mismos. Una educación que no fomenta o facilita esta agencia no es una educación. Una educación que nos convenza de lo que hay que saber, de lo importante frente a lo frívolo, no es educación. Es entrenamiento en el mejor de los casos, reclutamiento obligatorio en el peor. Todo lo que nos prepara para hacer es creer lo que se nos dice.

Actualmente, los educadores están trabajando demasiado duro como para no tener un impacto mayor en los alumnos. Realmente es desgarrador, pero en parte se debe a que los estudiantes no se involucran en el aprendizaje y carecen de agencia, lo cual podemos construir incorporando las mejores prácticas en el aprendizaje socioemocional y brindando a los estudiantes opciones auténticas y relevantes sobre cómo aprenden, sobre los materiales que utilizan y sobre cómo comparten lo que saben. Pero es una pendiente resbaladiza entre aumentar la agencia de los estudiantes y abrumarlos con opciones.

¿Por qué? Porque el contexto lo es todo. Para algunos estudiantes, la novedad o la elección también pueden ser una barrera. He escuchado de innumerables educadores decir que cuando a los estudiantes se les dan alternativas, tienen dificultades para elegir de manera responsable, o incluso de elegir algo. Esto a menudo se conoce como parálisis de elección, parálisis de decisión o parálisis de análisis, y la lucha es real. La parálisis de elección se define como la falta total de capacidad para decidir. No se preocupe, con las estrategias correctas, se puede evitar.

En un famoso TED Talk, "The Paradox of Choice" [La paradoja de la elección], Barry Schwartz (2005), autor de un libro del mismo nombre, comparte cómo, como sociedad, hemos exagerado la capacidad de elección. Como ejemplo, habla de su supermercado local. "[Hay] 175 aderezos para ensaladas en mi supermercado, si no cuentas los 10 aceites de oliva extra virgen y 12 vinagres balsámicos que podría comprar para hacer una gran cantidad de sus propios aderezos para ensaladas [con la posibilidad] de que ninguno de los 175 que ofrece la tienda le sirva".

Lo digo en serio. Es ridículo. Claro, sabemos que un aderezo para ensaladas no satisfará las necesidades de todos, por lo que, si está organizando una fiesta de ensaladas, probablemente ofrezca más que aderezo ranchero. Es probable que prediga que algunos invitados serían intolerantes a la lactosa o veganos o que odiarían el aderezo ranchero. Para asegurarse de que todos los invitados puedan disfrutar de un poco, puede ofrecer ranchero, así como cualquier otra botella abierta de aderezo en el refrigerador, y luego ofrecer el aceite y el vinagre. Eso sería mucho menos abrumador que perseguir los 175 aderezos para ensaladas para tratar de encontrar el perfecto.

La parálisis de elección y la insatisfacción aumentan exponencialmente después de "una serie limitada de 6 opciones".

Ofrecer demasiadas opciones crea una barrera. Schwartz dice: "Un efecto, paradójicamente, es que [ofrecer opciones] produce parálisis en lugar de liberación. Con tantas opciones para elegir, a la gente le resulta muy difícil elegir". Además, "si uno logra superar la parálisis y elegir, la evidencia sugiere que la calidad del desempeño se deteriora con el aumento del número de opciones" (Schwartz, 2009). Esta parálisis de elección y la disminución del rendimiento pueden minimizarse a través del diseño.

En este punto, es probable que se pregunte: "¿Cuántas opciones son demasiadas?". La investigación tiene una respuesta para usted. Siete. Siete es demasiado. La parálisis de elección y la insatisfacción aumentan exponencialmente después de "una serie limitada de 6 opciones". Eso no significa que seis sea el número mágico, pero seis es el número máximo de opciones que puede ofrecer antes de estar peligrosamente cerca de la parálisis de elección. Investigaciones adicionales sugieren que de dos a cuatro opciones es el punto óptimo (Patall et al., 2008). Si revisa este texto, notará que todos los ejemplos y tableros de elección tienen seis opciones o menos. Entonces, mientras hace la transición a la práctica diseñada universalmente, sepa que no está creando una explosión de opciones. Dos es mejor que uno y tal vez tres es mejor que dos. Pero siete definitivamente no es mejor que dos. Más es menos, y ahora mismo, ¡eso debería ser música para sus oídos!

"¿Cuántas opciones son demasiadas?"
La investigación tiene una respuesta para usted.
Siete. Siete es demasiado. La parálisis de elección
y la insatisfacción aumentan exponencialmente
después de "una serie limitada de 6 opciones".

Para recapitular: Brindar opciones y alternativas es fundamental para aumentar la participación y la agencia de los estudiantes, pero demasiadas opciones tienen el potencial de resultar en parálisis de elección y disminución del rendimiento. Nuestra tarea, como practicantes del DUA, es reconocer cómo la talla única excluye a los estudiantes y evita que los estudiantes se vuelvan más expertos en su aprendizaje. A medida que brindamos opciones y alternativas, también debemos recordar que el aprendizaje experto es un viaje. Cuando proporcionamos de dos a seis opciones, debemos brindarles a los estudiantes oportunidades para tomar decisiones y reflexionar sobre esas decisiones para que mejoren al tomarlas con el tiempo.

Afortunadamente, tomar decisiones más responsables aumenta con la práctica, especialmente cuando hay retroalimentación y la oportunidad de reflexionar (Weimer, 2017). Cuanto más proporcionemos a los estudiantes opciones *limitadas* y elecciones que eliminen las barreras, y cuanto más podamos ayudarlos a reflexionar sobre sus decisiones y el impacto que esas decisiones tienen en sus resultados, más expertos podrán volverse en su propio aprendizaje.

¿Cómo se ve la elección?

Mientras trabajo con educadores de todo el mundo, una de las preguntas más comunes que escucho es "¿Pero cómo se ve esta opción en [completar el grado/materia]?" y lucho con la respuesta a esa pregunta. El DUA es un marco para abordar el diseño y, por lo tanto, los educadores deben abordar su propio trabajo de diseño, dada la variabilidad del tiempo, los recursos y los requisitos escolares, para eliminar las barreras. Si modelo alternativas en una clase de artes o lenguaje, la gente quiere ver cómo luciría en matemáticas. Si modelo una clase de matemáticas en la escuela, hay preguntas sobre cómo se ven las opciones y alternativas en las matemáticas de una escuela secundaria. Si modelo en matemáticas de la escuela secundaria, puedo modelar con herramientas a las que los profesores no tienen acceso. Es una madriguera de conejo de la que nunca saldremos a la superficie. En su lugar, es beneficioso pensar en las prácticas de instrucción que todos los profesores usan para diseñar primero la mejor instrucción y pensar en cómo diseñar universalmente esas prácticas brindando opciones limitadas dada su experiencia en el contenido.

Por ejemplo, es posible que un profesor de prekínder no aprenda mucho de una clase de ciencias de secundaria y que un profesor de educación física no encuentre valor en una clase de escritura diseñada universalmente, pero cuando damos un paso atrás y pensamos en las prácticas que compartimos, podemos explorar cómo el profesor abordó el trabajo de diseño para eliminar las barreras y luego podemos explorar cómo se verían esas mismas estrategias con diferentes estudiantes en diferentes áreas y grados. En la versión anterior del libro, traté de proporcionar ejemplos de clases con el DUA en muchas áreas de contenido diferentes, pero la respuesta fue que algunos educadores sintieron que no había ejemplos concretos que pudieran usar. Dada esa respuesta, quería compartir estrategias que muchos profesores usan todos los días (discusión y retroalimentación) y revisarlas a través de la lente del DUA.

Debates en el aula al estilo DUA

En muchas aulas, los profesores alientan a los estudiantes a participar en las discusiones. A veces, los profesores simplemente plantean una pregunta y alientan a los estudiantes a hablar con su compañero de al lado, mientras que otras veces los estudiantes usan protocolos como los seminarios socráticos, que brindan una guía más explícita para las discusiones. A veces, las discusiones son dirigidas por los docentes y ellos hacen las preguntas, y otras veces, las discusiones son dirigidas por los estudiantes. Independientemente del formato de la discusión, todos sabemos que, a veces, lograr que todos los estudiantes participen puede ser como arrancarse los dientes. Los profesores usan numerosas estrategias en el salón de clases para aumentar la participación: piense en las calificaciones por participación, eligiendo palitos de helado de un frasco en lugar de llamar en frío a los estudiantes y actividades en que piensen en pares y compartan. Pero lo que pasa es que si pone mi nombre en un palito de helado y no tengo nada para contribuir, el aprendizaje no está ocurriendo. En lugar de dejar las discusiones en el aula al azar, consideremos cómo diseñar oportunidades para que los estudiantes discutan los contenidos de estudio de manera significativa al brindarles opciones limitadas. Identifiquemos posibles barreras en las discusiones en el aula y luego pensemos en cómo diseñar oportunidades para la discusión utilizando los principios del DUA.

El siguiente diagrama de Venn (Figura 7-1) analiza las barreras para las discusiones en general y las barreras específicas para discusiones más/menos formales. Estas se basan en el trabajo de Jeremy Glazer (2018), profesor asistente en el Departamento de Lenguaje, Alfabetización y Educación Sociocultural de la Facultad de Educación de la Universidad de Rowan. El diagrama destaca cuán increíblemente complejo es nuestro trabajo como educadores y cuán importante es reconocer las barreras para que tengamos la mejor oportunidad de eliminarlas. Para hacer eso, tenemos que empezar con nuestras metas. Glazer (2018) nos recuerda que identifiquemos objetivos firmes cuando usamos la discusión en el aula como una estrategia de instrucción: "¿Qué estamos exactamente tratando de lograr al invitar a los estudiantes a participar en las discusiones?" (p. 60).

La próxima vez que pida a los estudiantes que se unan a una discusión, considere su propósito. La investigación destaca cuatro propósitos de la discusión: una comprensión mejor informada de un tema, mayor autoconciencia y comodidad con el vocabulario del área de contenido, una apreciación de la variedad de opiniones compartidas en una discusión y un medio para inspirar la resolución de problemas y actuar con conocimiento de causa (Brookfield y Preskill, 2012). Antes de determinar las opciones y alternativas que son relevantes, considere los objetivos firmes para su discusión y compártalos con sus estudiantes. A continuación, diseñe para eliminar las barreras. La Tabla 7-1 proporciona algunas consideraciones que asegurarán que más estudiantes tengan oportunidades de beneficiarse de las discusiones en el aula. Tenga en cuenta cómo, en cada una de las consideraciones, hay un punto óptimo de dos a cuatro opciones proporcionadas para aumentar la agencia y minimizar la parálisis de elección.

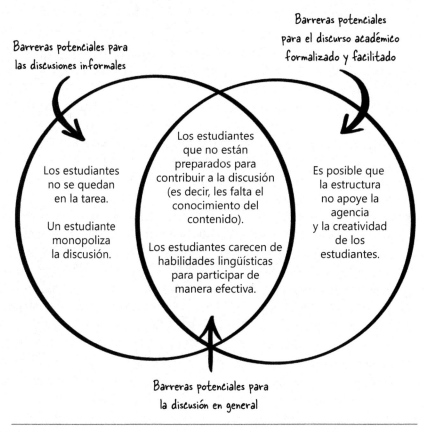

Figura 7-1: Barreras para la discusión

Tabla 7-1: Consideraciones del DUA para minimizar las barreras de discusión en el aula

Barrera	Consideraciones del DUA
Los estudiantes no están preparados para contribuir a la discusión (es decir, hay una falta de conocimiento del contenido).	Proporcione opciones/alternativas para que los estudiantes 1) completen guías de anticipación, 2) revisen posibles indicaciones antes de la discusión y/o pida a los estudiantes que 3) escriban preguntas mientras revisan los recursos de la clase para que tengan oportunidades de bajo riesgo preparadas de antemano para hablar (Stengel et al., 2019).
Los estudiantes carecen de habilidades lingüísticas para participar de manera efectiva.	1) Proporcione un banco de palabras con vocabulario específico del contenido y la opción de usar 2) raíces de oraciones o marcos de oraciones.
Los estudiantes no se concentran en la tarea o un estudiante monopoliza la discusión.	Empodere a los estudiantes para que trabajen con sus compañeros para decidir las reglas de una discusión para garantizar que todos tengan oportunidades equitativas de participar en su grupo (Stengel et al., 2019).
Es posible que la estructura no apoye la agencia y la creatividad de los estudiantes.	Asegúrese de que haya numerosas oportunidades para que los estudiantes hagan preguntas. Puede ser útil proporcionar a los estudiantes una copia de la taxonomía de Bloom para que puedan practicar la construcción de preguntas que funcionen en niveles más altos de pensamiento (consulte la Figura 7-2).

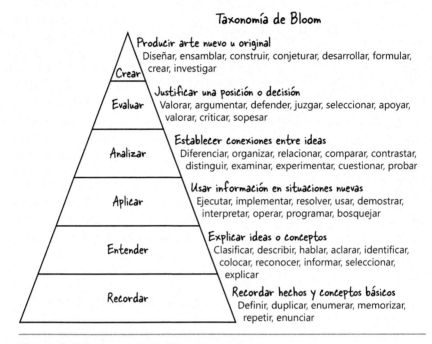

Figura 7-2: Taxonomía de Bloom

Un artículo titulado "Online Discussions and UDL" [Discusiones en línea y el DUA], publicado por la Asociación Internacional de Alfabetización, habla del poder del andamiaje y la discusión de apoyo para que la discusión no se sienta como un ejercicio de frustración (Digisi y Coyne, 2015). Todos hemos estado en una discusión en el aula donde un estudiante ofrece una opinión y otros estudiantes agregan declaraciones tan profundas como "Estoy de acuerdo". Cuando los profesores pidieron a los estudiantes que reflexionaran y anotaran los artículos primero y respondieran al marco de la oración "Primero pensé. . . Ahora pienso. . .", la discusión fue mucho más interesante y los estudiantes fueron más allá de la memoria básica mientras analizaban su propia comprensión.

Retroalimentación al estilo DUA

La práctica hace al maestro, ¿verdad? Eso es ciertamente verdad cuando se trata de cocinar. Cuando comencé a hacer mi propia masa de pizza casera, estaba bastante orgullosa de mí misma. Tenía una máquina de pan elegante que podía preparar una masa de trigo integral mientras me sentaba afuera y leía sobre cómo hacerla desde cero en la revista *Food Network*. No había nada mejor que esa masa de pizza... hasta que mi hermana vino con una bolsa de masa multigrano de Whole Foods. Yo decía que ya había perfeccionado mi propia masa, pero Sissy me aseguró que su selección combinaría mejor con la cobertura de calabaza asada. Entonces hicimos lo que cualquier hermana haría. Hicimos una competencia. Desafortunadamente, la calidez y el crujido de la masa de pizza de Whole Foods me hicieron reevaluar mi receta.

Después de que todos en la mesa acordaron que mi masa era más pálida en comparación con la versión multigrano, comencé a buscar comentarios. ¿Qué tenía exactamente de bueno la corteza? ¿Era la textura? ¿El contenido de sal? Necesitaba detalles. Eso inició mi objetivo de un año de replicar esa masa de Whole Foods. Cada vez que hacía un nuevo lote, necesitaba orientación. Le preguntaba a mi esposo: "¿Es mejor que la anterior?". Cuando quería complacerme, hacía algún comentario como "Creo que usaste demasiado lino en este. Se atasca en mis dientes". Un problema identificado es un problema que se soluciona pronto.

Desearía poder decirles que mi masa de pizza ahora es intercambiable con la versión de Whole Foods, pero no lo es. Aún. La cuestión es que estoy mucho más cerca de lo que estaba cuando comencé debido a la retroalimentación. Me ha hecho una mejor cocinera. El mismo concepto ayudará a los estudiantes a crecer como aprendices expertos y lo convertirá a usted en un mejor profesor. Brindar retroalimentación a los estudiantes sobre su aprendizaje es una de las cosas más poderosas que podemos hacer en el salón de clases, pero como con todo, una talla no sirve para todos.

Como profesora de lenguaje, pasé mucho tiempo escribiendo comentarios sobre los trabajos de los estudiantes. Pasé las noches y los fines de semana encorvada sobre una pila de papeles con mi lapicera morada en la mano. Llegaría el lunes por la mañana y compartiría borradores con los estudiantes y los alentaría a reflexionar sobre mis comentarios y crear un plan para la revisión. Ya sabe cómo termina esta historia. El noventa por ciento del papel se tiraría a la papelera de reciclaje al final de la clase. ¡Noches y fines de semana que nunca volverían! Sabiendo cuán crítica es la retroalimentación para el proceso de mejora, ¿cómo podemos entregarla a los estudiantes de la manera más significativa?

Como probablemente pueda adivinar, necesitamos identificar las barreras para la retroalimentación y eliminarlas a través del diseño al proporcionar opciones limitadas. Cuando brindamos retroalimentación a los estudiantes, a menudo tenemos las siguientes opciones (adaptado de Anthony et al., 2019). Tenga en cuenta que definitivamente podemos usar una combinación de técnicas.

¿Entrego retroalimentación escrita o retroalimentación oral?

¿Doy elogios o retroalimentación orientada al dominio?

¿Doy retroalimentación en público o en privado?

Por supuesto, hay ventajas y desventajas para todos. En algunos casos, puede proporcionar a los estudiantes la opción de qué tipo de comentarios reciben. Por ejemplo, la próxima vez que los estudiantes completen una evaluación, pregúnteles si prefieren retroalimentación escrita o una breve conversación para recibir retroalimentación verbal. Eso no es posible todo el tiempo, así que, si no lo es, use las consideraciones en la Tabla 7-2 para hacer que la entrega de la retroalimentación sea más flexible.

Tabla 7-2: Consideraciones del DUA para minimizar las barreras de retroalimentación

	Barreras	Consideraciones
Retroalimentación escrita	Los estudiantes tienen dificultades para comprender el significado de la retroalimentación.	★ Proporcione oportunidades para que los estudiantes reflexionen sobre la retroalimentación, la resuman con sus propias palabras y creen un plan sobre cómo la utilizarán. ★ Comparta la retroalimentación de manera digital para que los estudiantes puedan usar lectores de pantalla o herramientas de traducción para comprender la retroalimentación. ★ Vincule ejemplos y recursos que les ayuden a comprender mejor la intención de la retroalimentación.
Retroalimentación oral	Es posible que los estudiantes no procesen ni recuerden la retroalimentación.	★ Proporcione a los estudiantes la opción de tomar notas sobre la retroalimentación, traiga a un amigo para que tome notas o grabe la conversación en su dispositivo.
Elogio	Los estudiantes pueden pensar que no hay nada que necesiten mejorar/revisar.	★ Cree una cultura de "brilla y crece" para que siempre esté elogiando y dando una idea de cómo mejorar.

Barreras	**Consideraciones**
Retroalimentación orientada al dominio	Los estudiantes pueden sentirse criticados o desmoralizados.	★ Cree una cultura en la que agradecer recibir retroalimentación sobre su propia práctica cuando comparte su retroalimentación con los estudiantes. ★ Cocree enunciados de oraciones con los estudiantes como "Sería genial si. . ." para que sepan qué esperar cuando reciban retroalimentación.
Retroalimentación pública	Los estudiantes pueden sentirse avergonzados, provocados.	★ Haga una encuesta a principios del año donde pida a los estudiantes que compartan su nivel de comodidad con la retroalimentación pública. ★ Con la clase, cree normas para la retroalimentación pública que los profesores y estudiantes respetarán.
Retroalimentación privada	Si están elogios, los estudiantes pueden querer reconocimiento. Si están orientados al dominio o son constructivos, los estudiantes pueden sentirse incómodos en un entorno 1:1.	★ Después de compartir elogios con los estudiantes, puede preguntarles si les gustaría que llame o envíe un correo electrónico a casa. ★ Antes de reunirse con un estudiante 1:1, pregúntele si le gustaría reunirse solo, traer a un amigo o reunirse con otro profesor.

Además de estas consideraciones, brinde a los estudiantes opciones para usar la retroalimentación que les entregue. Permítales revisar su trabajo para obtener el crédito completo. O anímelos a comparar su trabajo original con las revisiones sugeridas para que puedan seguir creciendo como aprendices expertos.

Pedir retroalimentación a los estudiantes

Como se compartió al comienzo del capítulo, el DUA a menudo se caracteriza por su enfoque en la elección y la voz. Discutimos los riesgos de la elección y cómo minimizarlos a través del diseño, pero también es importante elevar y celebrar las voces de los estudiantes. A menudo, cuando trabajo con educadores, me preguntan dónde comenzar su viaje con el DUA y dónde comenzar a brindar opciones. Mi respuesta suele ser "Pregunte a los estudiantes". ¿Qué está funcionando para ellos? ¿Con qué están teniendo dificultades? ¿Qué opciones y elecciones serían beneficiosas para su aprendizaje? Independientemente de dónde esté enseñando y cuánto buen trabajo esté haciendo con los niños, siempre sabe que, en algún lugar, alguien lo está haciendo mejor. En lugar de negarlo, trabaje para mejorar en lo que hace.

La enseñanza es una profesión muy privada. El único momento en que tenemos la garantía de recibir retroalimentación es cuando se trata de una evaluación, y luego, a menudo es un resumen de lo que sucedió en la clase, no una oportunidad para reflexionar, repensar y volver a enseñar. Los estudiantes ofrecen una fuente de retroalimentación poderosa e inmediata, si está listo para escucharlos. Sea cual sea el conocimiento que esté cocinando en su entorno de aprendizaje, los niños son los que se lo están comiendo. Cada decisión que tomamos en el salón de clases los afecta a ellos y a su futuro. Tenemos la obligación de enseñarles y de servirles. Para hacerlo bien, necesitamos su retroalimentación.

Una excelente forma informal de recopilar retroalimentación es entrevistar a los estudiantes. Una vez que tenga preguntas que les gustaría hacer, realice una encuesta a los estudiantes o entreviste a estudiantes específicos que necesitan saber que nos importa su opinión. Probablemente querrá saber qué piensan los estudiantes y cómo ven su entorno educativo antes de compartir esas opiniones con los evaluadores. Esto le da la oportunidad de hacer cambios y mejorar su instrucción. Piense en la retroalimentación de los estudiantes como una evaluación formativa. Sus comentarios orientados al dominio pueden ayudarlo a convertirse en un mejor profesor para que pueda sobresalir en su evaluación sumativa. Puede entrevistar a un pequeño grupo de estudiantes en un diálogo cogen (es decir, cogenerado). "Los cogens son conversaciones simples entre el profesor y sus alumnos con el objetivo de cocrear/generar planes de acción para mejorar el salón de clases. . ." (Emdin, 2016, p. 66).

En *Equity by Design* (2020), Mirko Chardin y yo compartimos ocho consejos para crear un cogen (pp. 58–59).

1. Identifique a los posibles participantes en función de las diferencias en los grupos sociales, étnicos o académicos. Por ejemplo, el grupo debe constar de estudiantes de alto rendimiento y de bajo rendimiento, así como de estudiantes muy comprometidos y no comprometidos.

2. El grupo debe reflejar con precisión la diversidad del salón de clases. Son las diferencias reveladas en el cogen las que conducen a un diálogo enriquecedor, que también conduce a más oportunidades para que los docentes comprendan las diferentes realidades de los estudiantes en el aula; por lo tanto, el cogen no debe ser homogéneo.

3. Invite a los estudiantes a participar. Los estudiantes no deben sentirse presionados para participar y deben tener la oportunidad de optar por no participar.

4. Presente los cogens a los estudiantes de una manera que no haga que los estudiantes los vean como una responsabilidad o tarea adicional en el salón de clases. Deben enmarcarse como un privilegio, no como un castigo. Adapte las invitaciones a cada estudiante de manera individual; avise a los estudiantes cuando tendrán que hacer su aporte.

5. Planifique el diálogo inicial durante una comida o receso. Esto ayuda a comunicar que esta es una estructura informal y segura que girará en torno a compartir juntos.

6. Establezca reglas/normas durante el primer diálogo. Por ejemplo: Ninguna voz tiene privilegio sobre otra; una persona habla a la vez; el cogen da como resultado un plan de acción para mejorar el aula.

7. Para garantizar una experiencia positiva para los participantes, comience con un problema pequeño que tenga una respuesta obvia y fácil que el grupo pueda resolver en conjunto.

8. Brinde la oportunidad de involucrar nuevas voces. El grupo inicial debe reunirse tres o cuatro veces como máximo; luego se les debe pedir a los estudiantes que inviten a uno o dos nuevos estudiantes a unirse y se le debe pedir a un miembro existente que opte por no participar. Esto mantiene al grupo pequeño y brinda oportunidades para involucrar nuevas voces.

Otra forma de recopilar retroalimentación de los estudiantes es agregar un par de preguntas al final de cada tarea o evaluación. Las preguntas simples "¿Cómo te sentiste acerca de esta prueba? ¿Te sentiste preparado para ella? ¿Por qué si o por qué no?" le proporcionará información valiosa acerca de la instrucción. O, cuando los estudiantes completen una unidad, puede brindarles opciones y alternativas para responder las siguientes preguntas:

- ¿Te ayudaron las clases de esta unidad a cumplir con los estándares?

- ¿Qué podrías haber hecho diferente o mejor en esta unidad?

- ¿Qué podría haber hecho yo, como su profesor, diferente o mejor en esta unidad? Es posible que desee comenzar con la frase "Hubiera sido genial si. . .".

- ¿Disfrutaste de esta unidad? ¿Por qué si o por qué no?

- ¿Sentiste que las opciones/alternativas que se te brindaron fueron beneficiosas? ¿Por qué si o por qué no?

Tener un archivo de las voces de los estudiantes es valioso porque, sin él, no hay nada concreto para fundamentar su reflexión. No puede asumir que sabe lo que los estudiantes están pensando. Necesita sus voces. Una vez que tenga su retroalimentación, no puede negar la evidencia que está justo frente a usted. Cuando reevalúe su práctica del DUA, no se trata de ser crítico consigo mismo. Se trata de responder a sugerencias específicas de los estudiantes. Pregúntese: "¿Qué podría hacer en clase para que cada estudiante se sienta más apoyado?", o algo similar. Una vez que decida un curso de acción, puede implementarlo y luego volver a consultar con los estudiantes. Esto envía un poderoso mensaje de que usted está trabajando para enseñar a cada estudiante individual y que no tiene un enfoque único para la educación.

Resumen

Es fundamental que reconozcamos los problemas inherentes al aprendizaje de talla única y que creemos opciones y elecciones para ayudar a los estudiantes a convertirse en aprendices expertos. Dicho esto, proporcionar opciones por sí solo no significa que una lección esté diseñada universalmente. Como profesionales, debemos brindar opciones bien pensadas y relevantes que minimicen las barreras y aumenten las oportunidades de aprender. Además, traer las voces de los estudiantes al ambiente de aprendizaje es una manera invaluable de reflexionar y evaluar su práctica. Para obtener la retroalimentación más honesta y orientada al dominio, necesita que los estudiantes sepan que usted se preocupa por ellos y sus perspectivas, así que, al comienzo del año, comience a entretejer sus voces en su práctica. Si saben que son valorados, estarán mucho más dispuestos a brindarle retroalimentación específica y concreta que lo convertirán en un mejor profesor y, al mismo tiempo, los convertirán en mejores estudiantes.

Preguntas para la reflexión

1. ¿Por qué es fundamental que los educadores entiendan más sobre la parálisis de la elección y la paradoja de la elección?

2. ¿Qué opciones y elecciones ofrece ya en su salón de clases en un esfuerzo por eliminar las barreras y aumentar la participación?

3. Este capítulo discutió cómo examinar las discusiones en el aula y los mecanismos de retroalimentación a través de la lente del DUA. ¿Qué se puede afirmar de su práctica o qué quiere probar?

4. El DUA se centra en la elección y la voz de los estudiantes. ¿Cómo puede optimizar la voz de los estudiantes para ayudar a determinar los próximos pasos en su viaje con el DUA?

8

¿Qué sabemos de las evaluaciones estandarizadas?

OBJETIVO FIRME: Aprenderá que preparar a los estudiantes para las pruebas estandarizadas no es lo mismo que enseñar para la prueba. Además, las estrategias del DUA pueden ayudarlo a preparar a sus estudiantes para que se desempeñen lo mejor que puedan.

FUNDAMENTOS: Las pruebas estandarizadas están aquí para quedarse, por lo que, independientemente de cómo se sienta con respecto a ellas, debe preparar a sus alumnos para el desafío de rendir pruebas. Este capítulo describe ideas para apoyar la planificación de los estudiantes y el desarrollo de estrategias para el éxito en estas medidas objetivas.

Como todos sabemos, existe una brecha significativa en los puntajes de las pruebas entre los estudiantes con el desempeño más bajo y el más alto de los Estados Unidos. Las investigaciones recientes se han centrado mucho más en la brecha de oportunidades, en lugar de centrarse en los resultados. Un estudio exhaustivo realizado por

TNTP (formalmente The New Teacher Project [El Nuevo Proyecto de Docentes]; 2018), titulado *The Opportunity Myth* [El mito de la oportunidad], destaca la situación actual en la educación:

> Lo que encontramos fue desconcertante: aula tras aula llena de estudiantes A y B cuyas grandes metas para sus vidas se están alejando más cada día, sin que ellos y sus familias lo sepan, no porque no puedan dominar el material desafiante, sino porque rara vez se les da la oportunidad real de intentarlo.
>
> De hecho, la mayoría de los estudiantes, y especialmente los estudiantes de color, los de familias de bajos ingresos, los que tienen discapacidades leves a moderadas y los estudiantes del idioma inglés, pasaron la mayor parte de sus días escolares perdiendo cuatro recursos cruciales: tareas apropiadas al nivel, instrucción sólida, compromiso profundo y profesores con altas expectativas. Los estudiantes dedicaron más de 500 horas por año escolar a tareas que no eran apropiadas para su grado y con instrucción que no les exigía lo suficiente, el equivalente a seis meses de tiempo de clase desperdiciado en cada materia básica. Los estudiantes de secundaria y preparatoria informaron que sus experiencias escolares fueron interesantes menos de la mitad del tiempo. En las aulas con más acceso a estos recursos, a los estudiantes les fue mejor, especialmente si comenzaron el año escolar atrasados con respecto a sus compañeros.
>
> Esta falta de acceso no es aleatoria. Es el resultado de las decisiones que toman los adultos en todos los niveles de nuestro sistema educativo. Estamos pidiendo a todos los adultos cuyas elecciones afectan las experiencias de los estudiantes que se comprometan a desentrañar el mito de la oportunidad.

Si no ha leído el estudio completo, se lo recomiendo. La razón por la que lo comparto aquí es que la mejor manera de aumentar los resultados de los estudiantes y los puntajes de las pruebas es aumentar el acceso de los estudiantes a la instrucción del nivel, la participación y las altas expectativas, todo lo cual está bajo nuestro control. Una vez que podamos asegurarnos de que todos los estudiantes tengan oportunidades equitativas para aprender y esperar un futuro exitoso, entonces podemos esperar ver disminuir lo que a menudo se conoce como una brecha de rendimiento.

Fonz Mendoza (2021), el presentador del podcast *My EdTech Life* [Mi vida EdTech], me preguntó qué pondría en una cartelera si tuviera la oportunidad. Iba y venía entre a) todos necesitamos acurrucarnos con más cachorros, y b) necesitamos hacer que las pruebas estandarizadas sean más accesibles.

Si pudiéramos hacer las pruebas más accesibles y los estudiantes pudieran traer cachorros para acurrucarse, ¡todo estaría bien en el mundo!

Hablando en serio, no podemos poner tanto peso en las pruebas, que a menudo impiden que los alumnos compartan lo que saben, especialmente cuando los resultados de esas mismas pruebas se utilizan para excluir a algunos estudiantes de sólidas oportunidades de aprendizaje que son legítimamente suyas. Como escritora profesional, tengo a mi disposición todo tipo de herramientas de accesibilidad. Redacté partes de este libro en voz a texto, tuve todo el tiempo que necesité para revisar y tomar breves descansos, y utilicé el corrector ortográfico y gramatical. Entonces, ¿por qué los estudiantes no pueden usar las herramientas que siempre estarán disponibles para ellos también en la vida real?

La mejor manera de aumentar los resultados de los estudiantes y los puntajes de las pruebas es aumentar el acceso de los estudiantes a la instrucción del nivel, la participación y las altas expectativas, todo lo cual está bajo nuestro control.

Solo podemos esperar que las pruebas continúen evolucionando para que todos los alumnos puedan compartir lo que han aprendido de formas más relevantes y auténticas. Hasta entonces, debemos asegurarnos de que los estudiantes tengan el conocimiento y las habilidades que necesitan para tener éxito en cualquier camino que elijan y que tengan la mejor oportunidad posible de compartir su aprendizaje en una prueba inaccesible.

Dejando a un lado las limitaciones de las pruebas de rendimiento estandarizadas (y hay muchas), para los estudiantes que corren el riesgo de reprobar, un plan de estudios desafiante y altas expectativas son cruciales para el éxito en estas pruebas. Esto no quiere decir que cualquier profesor deba enseñar para la prueba. En su lugar, los profesores deben centrarse en los estándares e involucrar activamente a los estudiantes en un aprendizaje atractivo.

Como todos sabemos, las pruebas estandarizadas son una realidad, y aunque no tengan un diseño universal, están alineadas a los estándares que estamos obligados a enseñar, que en el DUA son nuestras metas firmes. Si enseñamos un plan de estudios diseñado universalmente que incorpore habilidades de última generación, nuestros estudiantes serán aprendices autodirigidos y motivados, solucionadores de problemas creativos y prácticos, y pensadores críticos que comprenderán el conocimiento y las habilidades que les hemos enseñado. Estos estudiantes se desempeñarán bien, incluso si las pruebas tienen barreras. Como escuché decir a Jon Mundorf, una leyenda del DUA: "Preferiría enseñar de una manera accesible para una prueba inaccesible, que de una manera inaccesible para una prueba inaccesible". Sabiendo esto, no tiene que enseñar para la prueba durante todo el año.

Con la nube de pruebas estandarizadas que se cierne sobre nosotros como una mala tormenta, los docentes luchan por decidir si la elección es apropiada o no en las evaluaciones formativas o sumativas en sus propias aulas. Entonces, profundicemos en el verdadero significado de los diferentes tipos de evaluaciones para que pueda considerar cómo la elección siempre es valiosa en la práctica. Me encanta cómo Lorna Earl (2010) analiza los diferentes tipos de evaluaciones: "El objetivo principal de la evaluación *para* y la evaluación *como* aprendizaje no es sumativo, para calificar o informar; es formativo, para contribuir al aprendizaje de los estudiantes... La incorporación de la evaluación *para* y la evaluación *como* aprendizaje en la práctica requiere un cambio fundamental en la forma en que los profesores piensan sobre la naturaleza del aprendizaje y el ritmo de las interacciones en las aulas" (p. 4).

Un cambio fundamental puede sonar radical, pero considerando que la mayoría de los docentes ya están utilizando alguna forma de evaluación formativa, creo que esto es algo que todos podemos adoptar. La evaluación como aprendizaje, escribe Earl, "se basa en la creencia de que para que los estudiantes se motiven a sí mismos y sean capaces de aplicar sus talentos y conocimientos a las decisiones y problemas que conforman sus vidas, no pueden simplemente esperar para que el profesor (o los políticos, los vendedores o los líderes religiosos) les digan si la respuesta es 'correcta' o no" (Earl, 2010, p. 4).

Bueno, si esa última línea no hace que las evaluaciones estandarizadas exploten, no sé qué lo hace. A medida que diseñamos nuestras prácticas de evaluación, nuestro enfoque debe estar en que los estudiantes aprendan el conocimiento y las habilidades que son fundamentales para su éxito. Solo entonces podemos ayudarlos a generalizar y transferir ese conocimiento de maneras más estandarizadas.

No necesita sacrificar la instrucción de calidad de un año para el éxito de los estudiantes en las pruebas estandarizadas, pero necesita hacer una pequeña preparación para las pruebas inmediatamente antes de que se administren para tranquilizar a los estudiantes. Es el mismo principio que cuando nosotros, como adultos, nos sometemos a procedimientos médicos.

Antes de someterse a un procedimiento médico de diagnóstico, tiene una cita preoperatoria (piense en una mamografía, una colonoscopia, una prueba de médula ósea, etc.). Durante esta cita, su médico le dirá exactamente qué esperar antes, durante y después de su procedimiento. Su médico le explicará los preparativos exactos que debe realizar, como ayunar, beber 15 galones de tónico limpiador de naranja y/o quitarse las joyas; le explicará cuánto tiempo tomará el procedimiento y le explicará qué esperar como resultado. Esta cita preoperatoria le permite sentirse más en control desde el momento en que ingresa al hospital hasta el momento en que se le da de alta. Tiene amplias oportunidades para hacer preguntas y hacer que se escuchen sus inquietudes. Antes de pasar por un procedimiento, el médico o la enfermera lo guían para que sepa exactamente qué esperar. La misma filosofía debe aplicarse a las pruebas estandarizadas.

No necesita sacrificar la instrucción de calidad de un año para el éxito de los estudiantes en las pruebas estandarizadas.

Para muchos estudiantes, sentarse durante horas para realizar una prueba estandarizada es como un procedimiento médico doloroso. Si es un buen evaluador, esto puede parecer ridículo, pero acepte que, para algunos estudiantes, tomar una prueba estandarizada provoca miedo y ansiedad. Si puede aceptar esto como verdad, le permitirá hacer los preparativos correspondientes. Recuerde que el DUA se trata de diseñar clases universalmente. Su plan de estudios de preparación para la prueba debe tener en cuenta a los estudiantes que pueda tener que estén ansiosos por la prueba o a los que no les importe nada. ¿Cómo puede involucrar a los estudiantes, motivarlos y prepararlos? Ahí es donde entra su oficio. Sus estudiantes necesitan estar preparados para que se sientan más cómodos y en control. En otras palabras, los estudiantes necesitan un andamiaje específico para saber cómo tener éxito en estas pruebas. Puede que no les guste (¡y puede que a nosotros tampoco nos guste!), pero estas pruebas son importantes para su salud académica a largo plazo. Es una especie de chequeo nacional. Por supuesto, hay críticos de las pruebas estandarizadas, pero eso no cambia el hecho de que las pruebas son un obstáculo muy real para los estudiantes. Incluso si los departamentos de educación retiran las pruebas estandarizadas, los estudiantes aún deberán tomar estas pruebas objetivas para ingresar a la universidad, ingresar al ejército, unirse a la academia de policía o incluso obtener su licencia de conducir. Nosotros, como profesores, no podemos asumir que los estudiantes tienen las habilidades necesarias para tener éxito en estas pruebas. Enseñarles el contenido y brindarles una educación de próxima generación es un primer paso necesario, pero eso no es suficiente. Necesitan saber sobre los tipos de preguntas, cómo se califican las pruebas y por qué es importante tener un buen desempeño.

Todo esto se puede hacer a través de un andamiaje exitoso. De ninguna manera estoy argumentando que usted enseña para la prueba. Aprenderá que preparar a los estudiantes para las pruebas estandarizadas no es lo mismo que enseñar para la prueba. Es enseñar una habilidad valiosa, que es una de muchas habilidades importantes. Esto no es algo que necesite hacer todo el año. A lo largo del año, usted enseña según sus estándares, y sus evaluaciones formativas y sumativas miden el progreso en esos estándares. Si está enseñando sus estándares, sus estudiantes tendrán el conocimiento y las habilidades necesarias para tomar la prueba.

La pregunta es, ¿serán capaces de transferir ese conocimiento a la prueba? Para responder a esa pregunta, enseñe la realización de pruebas estandarizadas como una unidad. Entre en modo de preparación un par de semanas antes de que la prueba sea administrada. Esto les da a los estudiantes suficiente tiempo para aprender por qué están tomando la prueba, qué mide la prueba y cómo tener el mayor éxito posible. Piense en esto como su cita preoperatoria. Entonces, ¿cómo hace esto?

Primero, antes de preparar a los estudiantes para tomar la prueba, asegúrese de que sepan por qué se administra la prueba y cómo se usan los puntajes. Siempre hay estudiantes que fallan porque simplemente adivinan o porque no se toman la prueba en serio. Tiene que involucrarlos y hacerlo relevante para ellos. ¿Qué pasa si les va bien? ¿Qué pasa si les va mal? Responder a estas importantes preguntas se relaciona con el currículo oculto. Si esta prueba les está quitando días de la vida, necesitan saber por qué. Puede dar miedo admitir que, en gran parte, se entrega para que los profesores rindan cuentas, pero merecen saberlo. Haga que los estudiantes inviertan en usted. Trabaje duro todo el año para asegurarse de que estén aprendiendo los estándares. Merece saber cuánto han crecido. Necesita que los estudiantes acepten esta idea. Haga lo que sea necesario para que los estudiantes se desempeñen lo mejor que puedan, pero también alivie la presión sobre ellos. Siempre les digo a los estudiantes que las pruebas estandarizadas son más sobre mí que sobre ellos. Quiero llevar el estrés por ellos para que puedan presumir de lo brillantes que son.

Después de que entiendan por qué tienen que rendir la prueba, los estudiantes necesitan ver cómo es la prueba. Si tiene copias de pruebas anteriores, muéstreselas a los estudiantes. Muéstreles tanto como pueda. Puede crear estaciones en las que los estudiantes exploren las pruebas por su cuenta o puede proyectar pasajes y preguntas para que los estudiantes los vean. Mientras proyecta las pruebas, explique las diferentes partes de las pruebas y cuál es el objetivo de cada sección. El objetivo de este paso es lograr que los estudiantes se sientan cómodos con el formato de la prueba. ¿Cuántas preguntas habrá? ¿Cuánto tiempo tendrán para rendir la prueba? Al igual que con cualquier otra habilidad nueva, no asuma que los estudiantes tienen conocimientos previos. Incluso si está enseñando en la escuela secundaria, es posible que los estudiantes no hayan visto cómo es el SAT. Haga que se sientan cómodos con el formato para que no haya sorpresas. Es como enseñar los conceptos básicos de una receta para un nuevo chef. No se sabe cuáles serán los ingredientes cada vez, pero se sabe que una receta siempre sigue una fórmula similar.

En segundo lugar, modele estrategias para tomar pruebas a medida que responde las preguntas. Las preguntas de opción múltiple son complicadas, especialmente ahora que muchas de las pruebas estandarizadas incluyen la opción de seleccionar más de una respuesta correcta. Si hubiera una sola respuesta obvia, todos los estudiantes acertarían. Los estudiantes deben saber que las preguntas de opción múltiple usan trucos que distraen a los estudiantes de las respuestas correctas. Estas mismas estrategias funcionan ya sea que enseñe clases de tercer grado o clases avanzadas. Señáleselas a los alumnos para que tengan poder cuando vayan a rendir las pruebas.

Si los estudiantes están tomando la prueba en línea, familiarícese con las habilidades que los estudiantes necesitarán para tener éxito en ese entorno. Estas habilidades se pueden dividir en tres categorías: habilidades con el teclado, habilidades con el mouse o el trackpad y habilidades generales de evaluación en línea. Una vez que los estudiantes conozcan las habilidades necesarias para tener éxito en la prueba, el formato de la prueba y las estrategias para responder preguntas, muéstreles un trabajo de ejemplo. Muchos estados publican muestras de trabajo de los estudiantes para analizar. Publique los ejemplos más estelares de respuestas cortas, respuestas abiertas y ensayos para que los estudiantes los lean. Muéstreles tanto como pueda. Los estudiantes pueden trabajar en grupos para resaltar ensayos y desglosarlos en las diferentes características de la escritura, o pueden hacer presentaciones sobre por qué las respuestas son tan sólidas. Esta práctica modela el mejor trabajo. Puede dudar en mostrar a los estudiantes con dificultades el mejor trabajo por temor a hacerles sentir que no estarán a la altura, pero piénselo de otra manera. Si los estudiantes nunca ven un trabajo excepcional, nunca podrán crearlo. No diluya las muestras de los estudiantes porque eso es bajar la vara para sus propios estudiantes. Merecen ver con qué se miden. Entonces es su trabajo hacer que estén a la altura. ¡Comparta no ejemplos también! ¿Cómo mejorarían un trabajo que no fuera competente?

La noche anterior a la prueba, recuérdeles a los estudiantes que duerman bien y desayunen. Si tiene estudiantes que no tienen los recursos, piense en la idea de eliminar las barreras. Trabaje con la escuela o la organización de padres y docentes o los recursos de la comunidad local para proporcionar barras de cereal, lápices, resaltadores, mentas o botellas de agua.

Enseñar a los estudiantes sus estándares es algo en lo que se concentrará todo el año, no por una prueba sino porque ese es el trabajo. Prepararlos para la prueba real es una actividad valiosa que debe ser completada una semana o dos antes de la prueba. No concentre la instrucción de un año en la prueba. Si enseña a sus alumnos a pensar críticamente, podrán transferir sus conocimientos. Solo necesita asegurarse de que se sientan lo suficientemente cómodos para hacerlo.

Conclusión

Al llegar al final de este texto, es muy importante recordarles a todos que ustedes y sus estudiantes son mucho más que los puntajes de sus pruebas. Sí, es importante tener responsabilidad y es fundamental que todos los estudiantes tengan acceso a la instrucción del nivel de grado con sus compañeros, altas expectativas y sentimientos de esperanza. Estos resultados, y una visión de inclusión y equidad, están definidos por más que índices de aprobación. Están definidos por profesores que se sienten apoyados, estudiantes que se sienten conectados y valorados, y familias y comunidades que se sienten vistas y escuchadas. Con demasiada frecuencia, el éxito de un distrito se reduce a las tasas de competencia en lugar del verdadero impacto que tiene la instrucción en los estudiantes a los que servimos. Entonces, si parece abrupto que terminemos el libro hablando de pruebas, es el lugar perfecto para terminar. Todos los días se nos pone a prueba en nuestra capacidad para satisfacer las necesidades de todos los estudiantes. Hemos sido probados a través de la COVID-19, a través de la instrucción en línea, a través del miedo y la seguridad en torno a los tiroteos en las escuelas, a la injusticia racial y social. Pero aun así, estamos ahí por la educación y estamos ahí por los niños. Créame, eso es muchísimo más importante que cualquier otra cosa.

Resumen

Aunque parece que el DUA es incompatible con las pruebas estandarizadas, las Pautas pueden ayudarlo a preparar a los estudiantes para tener éxito en la prueba. Solo asegúrese de seguir los principios y proporcione un andamiaje para brindarles a los estudiantes la oportunidad de experimentar el proceso de prueba en un entorno seguro. El uso de las estrategias descritas en este capítulo lo ayudará a preparar a los estudiantes para que muestren sus conocimientos de manera adecuada. Cuando las pruebas se vuelvan más accesibles y flexibles, todos podemos celebrar.

Preguntas para la reflexión

1. ¿Qué mirada tiene su escuela actualmente sobre la preparación para pruebas? ¿Es diferente de la filosofía esbozada en este capítulo? ¿Cómo es eso?

2. Después de leer este capítulo, ¿puede explicar cómo la preparación para pruebas estandarizadas puede alinearse con los principios de la instrucción con andamiaje?

3. Celébrese a sí mismo. La prueba definitiva en educación es nuestro impacto en los estudiantes a los que servimos. ¿Cómo sabe que está haciendo una diferencia? Termine este libro con ese pensamiento. Aférrese a ello y acurrúquese con más cachorros.

Recursos DUA

Visite Novak Education en www.novakeducation.com para ver las plantillas y otros recursos de este libro. También encontrará artículos, videos y referencias que lo ayudarán a comprender mejor las formas de implementar el DUA hoy. Obtendrá más información sobre nuestros servicios de consultoría y desarrollo profesional, cursos en línea y ofertas de escuelas de posgrado.

CAST también tiene un montón de recursos útiles. Primero, consulte los muchos libros sobre el DUA producidos por CAST Professional Publishing—consulte en www.castpublishing.org.

Las Pautas del DUA incluyen evidencia de investigación, ejemplos y herramientas de implementación, así como oportunidades para participar en un proceso impulsado por la comunidad para actualizar las Pautas a través de una lente de equidad. Visite udlguidelines.cast.org.

El sitio web principal de CAST, www.cast.org, también tiene varias herramientas de aprendizaje gratuitas, oportunidades de aprendizaje profesional, historias de casos y otra información fabulosa.

La Red de Investigación e Implementación para DUA (UDL-IRN por sus siglas en inglés)—www.udl-irn.org—es una comunidad creciente de investigadores y profesionales. Una división de CAST, UDL-IRN patrocina una conferencia anual, que ofrece un excelente lugar para conectarse con otros defensores del DUA. El

Simposio anual de CAST (consulte el sitio web de CAST) hace lo mismo.

¿Sabía que puede obtener credenciales en el DUA? Obtenga más información en el sitio web de CAST Learning Designed [Diseñado para el aprendizaje]: www.learningdesigned.org.

Referencias

American Psychological Association. (2019). Belief in learning styles myth may be detrimental. Recuperado de https://www.apa.org /news/press/releases/2019/05/learning-styles-myth

Anthony, M., Turner, B., Callahan, P., & Archer, C. (2019). *Connections between feedback and student happiness and engagement in high achievement classrooms.* Trabajo presentado en la reunión anual del capítulo norteamericano del Grupo Internacional para la Psicología de la Educación Matemática.

Anyon, J. (1980). Social class and the hidden curriculum of work. *Journal of Education, 162*(1), 67–92.

BEST for the Future (2020). Self-direction toolkit. Recuperado de https:// www.best-future.org/wp-content/uploads/2020/10/BEST%20Self -Direction%20Toolkit-v1.pdf

Biklen, D., & Burke, J. (2006). Presuming competence. *Equity and Excellence in Education, 39*, 166–175.

Brookfield, S. D., & Preskill, S. (2012). *Discussion as a way of teaching: Tools and techniques for democratic classrooms* (2ª ed.). Jossey-Bass.

Brown, K. M., Anfara, V. A. Jr., & Roney, K. (2004). Student achievement in high-performing suburban middle schools and low-performing urban middle schools: Plausible explanations for the differences. *Education and Urban Society, 36*(4), 428–456.

CAST. (2018). The UDL Guidelines. Recuperado de https://udlguidelines .cast.org

Chardin, M., & Novak K. R. (2020). *Equity by design: Delivering on the power and promise of UDL.* Corwin.

Danielson Group. (2019). FFT quick reference. Recuperado de https://danielsongroup.org/downloads/fft-quick-reference

Departamento de Educación de Estados Unidos, Oficina de Tecnología Educativa. (2016). Future ready learning: Reimagining the role of technology in education. Plan Nacional de Tecnología Educativa de 2016.

Digisi, L., & Coyne, P. (2015). Online discussions and UDL. Asociación Internacional de Alfabetización. Recuperado de https://www.literacyworldwide.org/blog%2Fliteracy-now%2F2015%2F07%2F28%2Fonline-discussions-and-udl

Donnellan, A. M. (1984). The criterion of the least dangerous assumption. *Behavioral Disorders, 9*(2), 141–150.

DuFour, R., & Reeves, D. (2016). The futility of PLC lite. *Phi Delta Kappan, 97*(6), 69–71.

Dulaney, S. K., Hallam, P. R., & Wall, G. (2013). Superintendent perceptions of multi-tiered systems of support (MTSS): Obstacles and opportunities for school system reform. *AASA Journal of Scholarship & Practice, 10*(2), 30–45.

Earl, L. M. (2010). Assessment for learning; Assessment as learning: Changing practices means changing beliefs. *assessment, 80,* 63–71. Recuperado de https://wlts.edb.hkedcity.net/filemanager/file/AandL2chapter/A&L2_(1)%20Lorna.pdf

Emdin, C. (2016). For white folks who teach in the hood ... and the rest of y'all too: Reality pedagogy and urban education. Beacon Press.

Fritzgerald, A. (2020). Antiracism and Universal Design for Learning: Building expressways to success. CAST Professional Publishing.

Glazer, J. (2018). The power of hmm ... Bringing life (back) to words in the classroom. *Phi Delta Kappan, 99*(5), 56–60. Recuperado de http://www.jstor.org/stable/44653403

Goddard, R. D., Hoy, W. K., & Hoy, A. W. (2000). Collective teacher efficacy: Its meaning, measure, and impact on student achievement. *American Educational Research Journal, 37*(2), 479–507.

Gray, J. (2005). Four "A"s text protocol. National School Reform Faculty. Recuperado de https://nsrfharmony.org/wp-content/uploads/2017/10/4_a_text_0.pdf

Hobson, C. J., Strupeck, D., Griffin, A., Szostek, J., & Rominger, A. S. (2014). Teaching MBA students teamwork and team leadership skills: An empirical evaluation of a classroom educational program. *American Journal of Business Education, 7*(3), 191–212.

Hoogsteen, T. J. (2020). Collective efficacy: Toward a new narrative of its development and role in achievement. *Palgrave Communications, 6*, 2. Recuperado de https://doi.org/10.1057/s41599-019-0381-z

Integrated Comprehensive Systems for Equity [Sitio web]. (2022). https://www.icsequity.org/

Iyengar, S. S., & Lepper, M. R. (2000). When choice is demotivating: Can one desire too much of a good thing? *Journal of Personality and Social Psychology, 79*(6), 995–1006.

Kay, K. (2017, 12 de mayo). The graduate profile: A focus on outcomes. *Edutopia.* Recuperado de https://www.edutopia.org/blog/graduate -profile-focus-outcomes-ken-kay

Khazan, O. (2018, abril). The myth of "learning styles." *The Atlantic.* Recuperado de https://www.theatlantic.com/science/archive/2018 /04/the-myth-of-learning-styles/557687/

Kini, T., & Podolsky, A. (2016). Does teaching experience increase teacher effectiveness? A review of the research. Instituto de Política de Aprendizaje. Recuperado de https://learningpolicyinstitute .org/product/does-teaching-experience-increase-teacher -effectiveness-review-research

Massachusetts Department of Elementary and Secondary Education. (2022). Multi-tiered System of Support (MTSS) [Sitio web]. https:// www.doe.mass.edu/sfss/mtss/

McGlynn, K., & Kelly, J. (2017, diciembre). Using formative assessments to differentiate instruction. *Science Scope, 41*(4), 22–25.

Mendoza, F. (2021). Episodio 99: Universal Design for Learning & multi-tiered systems of support. *My EdTech Life* [Podcast]. Recuperado de https://www.myedtech.life/katienovak/

Merrill, S., & Gonser, S. (2021, 16 de septiembre). The importance of student choice across all grade levels. *Edutopia.* Recuperado de https:// www.edutopia.org/article/importance-student-choice-across-all -grade-levels

Meyer, A., Rose, D. H., & Gordon, D. (2014). *Universal Design for Learning: Theory and practice*. CAST Professional Publishing. También publicado en línea en http://udltheorypractice.cast.org

Moir, E. (1990). Phases of first-year teaching. Boletín informativo de California New Teacher Project. Departamento de Educación de California.

Moore, S. (2021, 01 de febrero). The importance of presuming competence [Video]. YouTube. Recuperado de https://www.youtube.com/watch?v=6Mq8sQTEhG8

Morris, S. M. (2017, 19 de enero). Once a fearsome murderer invaded a Zen master's home [Entrada de blog]. Recuperado de https://www.seanmichaelmorris.com/once-a-fearsome-murderer-invaded-a-zen-masters-home

National Center for Learning Disabilities. (2021). Part 1: Research-based approaches to accelerating learning. Recuperado de https://ncld.org/reports-studies/promising-practices-to-accelerate-learning-for-students-with-disabilities-during-covid-19-and-beyond/part-1-research-based-approaches-to-accelerate-learning/

New England Association of Schools and Colleges. (2020). Standards for accreditation. Standard 3 – Professional Practices. Recuperado de https://www.neasc.org/sites/default/files/2022-12/cps2020_standards_for_accreditation_lettsize.pdf

Novak, K., & Tucker, C. R. (2021). *UDL and blended learning: Thriving in flexible learning landscapes*. IMpress.

Novak, K., & Woodlock, M. (2021). *UDL playbook for school and district leaders*. CAST Professional Publishing.

Patall, E. A., Cooper, H., & Robinson, J. C. (2008). The effects of choice on intrinsic motivation and related outcomes: A meta-analysis of research findings. *Psychology Bulletin, 134*(2), 270–300.

Patall, E. A., Cooper, H., & Wynn, S. R. (2010). The effectiveness and relative importance of choice in the classroom. *Journal of Educational Psychology, 102*(4), 896–915.

Posey, A., & Novak, K. (2020). *Unlearning: Changing your beliefs and your classroom with UDL*. CAST Professional Publishing.

Prime, G. M., & Miranda, R. J. (2006). Urban public high school teachers' beliefs about science learner characteristics: Implications for curriculum. *Urban Education, 41*(5), 506–522. Recuperado de https://doi.org/10.1177/0042085906291924

Puntambekar, S., & Hübscher, R. (2005). Tools for scaffolding students in a complex learning environment: What have we gained and what have we missed? *Educational Psychologist, 40*(1), 1–12.

Rose, L. T., & Fischer, K. W. (2001, 01 de noviembre). Webs of skill: How students learn. *Educational Leadership, 59*(3), 6–12. Recuperado de https://www.ascd.org/el/articles/webs-of-skill-how-students-learn

Schwartz, B. (2009, junio). Incentives, choice, education and well-being. *Oxford Review of Education, 35*(3), 391–403.

Schwartz, B. (2005, julio). The paradox of choice [Video]. TED Talk. Recuperado de https://www.ted.com/talks/barry_schwartz_the_paradox_of_choice?language=en

Stengel, M., Nolan, L., Donnick, D., Skym, W., & Wright, A. M. (2019). Best practices for teaching discussion as part of high school common core state standards. *Journal of Communication Pedagogy, 2*, 111–118.

TNTP. (2018). The opportunity myth: What students can show us about how school is letting them down—And how to fix it. Recuperado de https://tntp.org/assets/documents/TNTP_The-Opportunity-Myth_Web.pdf

Tomlinson, C. A. (2000). *The differentiated classroom: Responding to the needs of all learners.* ASCD.

Tomlinson, C. A., & McTighe, J. (2006). *Integrating differentiated instruction & understanding by design: Connecting content and kids.* ASCD.

Trilling, B., & Fadel, C. (2009). *21st century skills: Learning for life in our times.* Jossey-Bass.

Vander Ark, T. (2019). What is 21st century learning? How do we get more? Forbes. Recuperado de https://www.forbes.com/sites/tomvanderark/2019/10/02/what-is-21st-century-learning-how-do-we-get-more/

Vygotsky, L. (1978). *Mind in society: The development of higher psychological processes.* Harvard University Press.

Walther-Thomas, C., & Brownell, M. T. (2001, 01 de enero). Nancy Waldron and James McLeskey: Helping schools include all learners. *Intervention in School and Clinic, 36*(3), 175–181.

Weimer, M. (2017). Benefits of giving students choices [Entrada de blog]. Recuperado de https://www.facultyfocus.com/articles /effective-classroom-management/benefits-giving-students -choice-learn/

Wiggins, G., & McTighe, J. (1998). *Understanding by design*. ASCD.

Wu, E. W. (2013). The path leading to differentiation: An interview with Carol Tomlinson. *Journal of Advanced Academics*, 24(2), 125–133. Recuperado de https://doi.org/10.1177/1932202X13483472

Agradecimientos

Cuando era pequeña, tenía montones de cuadernos llenos de poesía, cuentos y obras de teatro. Solía organizar espectáculos en los que leía mi trabajo, a veces incluso convencía a mis padres de que compraran boletos por 25 centavos. Mi hermanito JT se vestía de maestro de ceremonia con sombrero de copa y bastón para presentarme. No hace falta decir que siempre quise ser escritora y oradora y agradezco todos los días que mi familia no aplastó esos sueños.

Para JT, estoy segura de que no te encantó tener solo un cameo en mis actuaciones cuando saliste a presentarme, pero sin esa floritura, es posible que nunca me haya sentido tan cómoda como oradora pública. Eres increíble, hermanito. Te amo.

A Lindie, la hermana más asombrosa del universo, gracias por mantenerlo real. En la escuela secundaria, cuando traté de leerte un poema profundamente conmovedor sobre mi entonces novio, terminaste persiguiéndome por la casa gritando que no querías escuchar mi poesía de mierda hasta que me encerré en el baño. Fuiste mi primera crítica. Como socia en este trabajo, continúas manteniéndome conectada a tierra y humilde. "Hermana, hermana, nunca hubo hermanas tan devotas. . ."

A mi familia CAST, especialmente a David Gordon, mi hermano ficticio perdido hace mucho tiempo de Pawtucket, ustedes fueron los primeros en creer en mi trabajo y es una gran bendición que estemos colaborando en la tercera edición de *¡DUA Ahora!* ¡Cena en el Beef Hearth para celebrar!

Estoy increíblemente bendecida de tener una increíble familia profesional de educadores que me impulsan e inspiran. Desde la versión anterior de *¡DUA Ahora!*, he coescrito artículos y libros con muchos educadores brillantes. Gracias a George Couros, Mirko Chardin, Catlin Tucker, Tesha Fritzgerald, Mike Anderson, Lainie Rowell, Katie Martin, Magdalena Ganias, Seán Bracken, Mandy Froehlich, Steven Van Rees y Mike Woodlock por emprender viajes de escritura conmigo. Cada colaboración mejoró mi escritura y fortaleció mi creencia de que juntos podemos cambiar nuestras aulas, escuelas y distritos.

También estoy increíblemente agradecida por las oportunidades que he tenido de compartir el poder y la promesa del DUA en podcasts. El DUA promueve múltiples formas de representación, y es maravilloso que haya opciones para que los educadores aprendan más sobre el DUA en su viaje matutino o mientras pasean al perro.

Cada podcast ha impactado mi viaje como practicante del DUA. Apoye y escuche a los siguientes educadores y podcasts que han ayudado a elevar y celebrar el DUA como un camino para crear escuelas más inclusivas y equitativas: Jennifer González en *Cult of Pedagogy*, Dr. Sheldon Eakins en *Leading Equity*, *The Innovator's Mindset* con mi hermano perdido George, *The Balance* con Catlin, *Lemonade Learning* con Brianna Hodges y Lainie Rowell, Matthew Woods en *Leading Out the Woods*, Andy Vasily en *Run Your Life Show*, Fonz Mendoza en *My EdTech Life*, Kevin Merry en *Talking Learning and Teaching*, *ThriveinEDU* con Rachelle Dene Poth, *Coaching Through Uncertainty* de Future Ready Schools, *Think Inclusive* con Tim Villegas, Natalie Conway en *Adventures in Online Learning*, y los podcasts del Dr. Luke Hobson y Tom Schwimmer. Estoy muy agradecida con todos ustedes.

A mis cuatro bebés: Torin, Aylin, Brec y Boden. Ustedes son la mejor parte de mi mundo. Pagaré 25 centavos por sus presentaciones todos los días (¡a menos, por supuesto, que sea la batalla de rap de Brec! "Oh, oh, quieres pelear conmigo. . .").

Lon. Dieciocho años y contando. Si pudiera regresar y hacerlo todo de nuevo, te elegiría a ti y esta vida cada vez.

Índice

Los números de página seguidos por una *f* significan que hay una figura.

Sobre los autores

KATIE NOVAK, EdD, es la fundadora y directora de Novak Education. Es una consultora educativa de renombre internacional, autora, profesora adjunta en la Universidad de Pensilvania y ex superintendente adjunta de escuelas en Massachusetts. Katie tiene dos décadas de experiencia en enseñanza y administración, tiene un doctorado en currículo y enseñanza de la Universidad de Boston y es autora o coautora de 10 libros publicados, incluidos los más vendidos *Equity by Design: Delivering on the Power and Promise of UDL, UDL and Blended Learning: Thriving in Flexible Learning Landscapes, Innovate Inside the Box: Empowering Learners Through UDL and the Innovator's Mindset* y *UDL Now! A Teacher's Guide to Applying Universal Design for Learning.*

Katie ha hecho consultorías de implementación y desarrollo profesional en el Diseño Universal para el Aprendizaje (DUA), prácticas inclusivas, sistemas de apoyo de varios niveles y equidad en la educación en 30 estados y 10 países. Ha trabajado con clientes de alto perfil como el equipo de Activación Científica de la NASA, la Fundación Gates, la Universidad de Harvard, el Distrito Escolar Unificado de Los Ángeles y PBS Learning Media. El trabajo de Katie ha sido destacado en muchas publicaciones, incluidas *Edutopia, Huffington Post, ASCD Education Update* y *School Administrator* de AASA. Sígala en Twitter @KatieNovakUDL o visite www.novakeducation.com.

GEORGE COUROS es un líder educativo y un orador en el área de liderazgo, enseñanza y aprendizaje innovadores. Ha trabajado con escuelas y organizaciones de todo el mundo. Es el autor más vendido de *The Innovator's Mindset: Empower Learning, Unleash Talent, Lead a Culture of Creativity, Because of a Teacher: Stories of the Past to Inspire the Future of Education* y (con Katie Novak) *Innovate Inside the Box: Empowering Learners Through UDL and the Innovator's Mindset.*

Aunque George es un líder en innovación, siempre se enfoca en lo que es mejor para las personas, desde los líderes hasta los estudiantes. Su creencia de que un cambio significativo ocurre cuando se conecta por primera vez con los corazones de las personas se modela en su forma de escribir y hablar. Puede conectarse con George en su sitio web en georgecouros.ca o @gcouros en Twitter o Instagram.